BUZZ

© 2023, Buzz Editora

Publisher ANDERSON CAVALCANTE
Editora TAMIRES VON ATZINGEN
Assistentes editoriais LETÍCIA SARACINI, PEDRO ARANHA
Preparação LIGIA ALVES
Revisão CRISTIANE MARUYAMA, ARIADNE MARTINS
Projeto gráfico ESTÚDIO GRIFO
Assistente de design LETÍCIA ZANFOLIM
Foto de capa ADARKTCHUL COLLINS @adarktchul

Nesta edição, respeitou-se o novo Acordo Ortográfico da Língua Portuguesa.

Dados Internacionais de Catalogação na Publicação (CIP)
de acordo com ISBD

Menezes, André
Chega de ser empresidiário: Como crescer sua empresa sem sacrificar sua liberdade / André Menezes
São Paulo: Buzz, 2023
144 pp.

ISBN 978-65-5393-202-9

1. Administração de empresas 2. Dinheiro – Administração 3. Empreendedorismo 4. Finanças – Administração I. Título.

23-155286   CDD-658.421

Elaborado por Aline Graziele Benitez, CRB-1/3129

Índices para catálogo sistemático:
1. Empreendedorismo
2. Administração de empresas 658.421

Todos os direitos desta edição reservados à:
Buzz Editora Ltda.
Av. Paulista, 726, Mezanino
CEP 01310-100, São Paulo, SP
[55 11] 4171 2317
www.buzzeditora.com.br

ANDRÉ MENEZES
CHEGA DE SER EMPRESIDIÁRIO

Como crescer sua empresa sem sacrificar sua liberdade

*Dedico esta obra a Deus,
o empreendedor supremo, com amor e reverência.*

*À minha querida família,
expresso minha gratidão pelo apoio imprescindível.*

*E a todos os empresários que estão
mudando o mundo através de seus negócios,
dedico este livro como estímulo para que persistam
com bravura e determinação.*

6   Prefácio

10   **Rumo à liberdade empresarial**

20   **1**
       O pseudoempresário e o empresário iludido

30   **2**
       A síndrome do empresidiário

39   **3**
       A liberdade empresarial

57   **4**
       Princípio 1: Mentalidade empresarial estratégica

71   **5**
       Princípio 2: Líder empresário

91   **6**
       Princípio 3: Cultura lucrativa

107   **7**
       Princípio 4: Mentores

121   **8**
       Princípio 5: Propósito empresarial

137   **Sua jornada transformadora começa agora**

142   Agradecimentos

PREFÁCIO

Quando fui convidado para escrever este prefácio, senti uma conexão positiva entre a realidade do mundo digital e a consistência empresarial, graças ao autor, André Menezes. Há algum tempo, me chamou a atenção a solidez de suas metáforas ligadas diretamente à vida do empresário e aos tipos de empresários, bem como à inteligência metafórica presente em suas ideias.

O livro se inicia com o sonho de um empreendedor e explora, com perspicácia, a experiência e a precocidade do autor. O grande sonho que dá vida a este livro retrata uma realidade não distante, porém muito presente no dia a dia de todos os empresários. Com grande satisfação, destaco questões verdadeiras abordadas por uma pessoa genuína e experiente no mundo dos negócios: André Menezes.

André conseguiu reunir, nesta obra, a identificação dos empresários com a vida real, escapando da ideia de gurus ou pensadores que carecem de consistência e profundidade. Admiro sempre a realidade que ele apresenta, com firmeza e convicção.

O livro explora diferentes perfis, como o empresário iludido e o técnico, demonstrando a idealização e as dificuldades enfrentadas por milhares de empreendedores que se veem transformados em *empresidiários*. André também aborda questões como síndrome de burnout, ansiedade, estresse e outros desafios enfrentados por empresários sobrecarregados.

Ao longo da obra, são apresentados cinco princípios fundamentais, incluindo a mentalidade estratégica, a importância da liderança e a cultura de lucratividade e redução de custos. O autor destaca ainda a relevância de um plano de ação eficaz, a necessidade de mentorias e a busca por um propósito e legado que mantenham a motivação acesa.

As técnicas e as estratégias apresentadas neste livro, desde a formalização dos propósitos até os planos de ação, são surpreendentes e refletem a experiência prática e realista de Menezes para devolver aos empresários a tão importante liberdade empresarial. Parabéns, André, por mais uma vez marcar um gol com seu trabalho consistente e sua dedicação ao mundo dos negócios. Os empresários precisam de direção, e este livro é um excelente guia nessa jornada.

Nando Garcia
Escritor, palestrante e mentor de negócios com vasta experiência no mundo empresarial e digital. Sua trajetória de sucesso fez dele uma figura respeitada e influente no campo do empreendedorismo. Autor de diversos livros e artigos, Nando tem dedicado sua carreira a orientar e inspirar empresários e empreendedores na busca por crescimento, inovação e sucesso sustentável.

CHEGA DE SER EMPRESIDIÁRIO

RUMO À LIBERDADE EMPRESARIAL

Desde que me entendo por gente, a força e a determinação que caracterizam um empreendedor sempre estiveram presentes na minha vida. Tive uma infância complicada, repleta de desafios, além de ter perdido meu pai aos doze anos, o que me obrigou a encarar precocemente a realidade. No entanto, em meio a tudo isso, algo crescia e se fortalecia dentro de mim: o desejo de me libertar daquela situação difícil. Foi a convivência com um tio empresário que me impulsionou a sonhar mais alto e a me identificar com esse espírito empreendedor, fazendo com que eu também desejasse seguir esse caminho.

Sempre tive vontade de abrir meu próprio negócio e me tornar empreendedor em vez de seguir uma carreira como funcionário de alguém. Logo após a perda do meu pai, iniciei minha jornada vendendo picolés e, mais tarde, fui trabalhar em uma feira, em uma banca de bananas. Com o passar do tempo, consegui estabelecer a minha própria barraca de temperos, estrategicamente posicionada em frente ao açougue do meu tio, onde a minha mãe trabalhava na área administrativa.

Contudo, a vida nos prega peças, e, durante o meu percurso empreendedor, vivenciei momentos de altos e baixos, fases desafiadoras e cheguei a quebrar empresarialmente duas vezes. Essas experiências me ensinaram muito, mas também me marcaram demais. A primeira delas aconteceu quando eu tinha 18 anos e investi em um lava-rápido. Depois de mais ou menos um ano, acabei sendo vítima de um furto das máquinas que eram usadas na operação do negócio. Somado a isso, faltavam, da minha parte, a capacidade de liderar e o conhecimento para gerir a empresa. Como eu não tinha recursos para repor o que havia sido roubado nem a expertise necessária para lidar com a situação, acabei quebrando. Foi um momento difícil, no qual tive que arcar com todas as consequências e encontrar formas de pagar as pessoas envolvidas no negócio.

Já na segunda experiência, eu tinha cerca de 22 anos e surgiu a oportunidade de adquirir a representação de uma empresa que

Para fazer um negócio prosperar, é necessário muito mais que trabalho, suor e força de vontade: é preciso ter conhecimento empresarial.

vendia filtros de água. Eu era o tipo de empresário que fazia de tudo: abria a loja, treinava a equipe de vendas e também vendia. Tentava administrar o negócio e dar conta da organização financeira. Eu trabalhava mais de doze horas quase todos os dias para fazer o empreendimento dar certo. Infelizmente, com o tempo, comecei a ter problemas de inadimplência. Cheques de clientes começaram a voltar, e eu não conseguia dar conta de tudo, muito menos de resolver aquela situação financeira, que já estava se tornando insustentável. Com pouco mais de dois anos à frente desse negócio, acabei quebrando novamente. Minha única certeza era a de que eu havia trabalhado duro e me dedicado ao máximo, mas nada foi suficiente para fazer minha empresa dar certo.

Certamente, aquele foi um dos momentos mais desafiadores da minha vida, no entanto, pude aprender que, para fazer um negócio prosperar, é necessário muito mais que trabalho, suor e força de vontade: é preciso ter *conhecimento empresarial*. Mais tarde eu entenderia que não alcançava os resultados porque ainda não sabia de certas coisas. Em suma: me faltava conhecimento.

Como brasileiro, eu não seria o único e muito menos o último a passar por aquele tipo de crise. De acordo com o Instituto Brasileiro de Geografia e Estatística (IBGE)[1] (2020), cerca de 30% das empresas fecham as portas antes de completarem três anos. É impressionante como esse índice é alto! Mas, apesar dos desafios, uma coisa é certa: eu nunca desisti do empreendedorismo. Com o tempo e o apoio de minha esposa, com a ajuda dos meus mentores e a vontade que sempre tive de vencer, consegui me reerguer e empreender de novo.

Nessa jornada, acabei conquistando o tão sonhado sucesso no mundo dos negócios. Construí um grupo empresarial mul-

---

1 IBGE. *Demografia das empresas e estatísticas de empreendedorismo*. Brasília, DF: IBGE, 2020. Disponível em: https://www.ibge.gov.br/estatisticas/economicas/servicos/22649-demografia-das-empresas-e-estatisticas-de-empreendedorismo.html.

timilionário, obtive destaque e reconhecimento. Aprendi que o sucesso de uma empresa, os resultados de crescimento, o lucro e a prosperidade que tanto desejamos são atraídos por nós mesmos, pelo empresário em que nos transformamos. Entretanto, por várias vezes ao longo dessa caminhada me vi preso a um ciclo de trabalho intenso, dedicando inúmeras horas diárias para manter minhas empresas funcionando. Uma realidade, por sinal, que é a enfrentada por grande parte dos brasileiros. Uma pesquisa da Gallup[2] (2017) revelou que 39% dos empresários trabalham mais de sessenta horas por semana. Surpreendente, não? Pois eu muitas vezes trabalhei bem mais do que isso, e, ainda assim, em diversos momentos, não conseguia prosperar na mesma medida do meu empenho.

    A verdade sobre a minha condição de *empresidiário* veio à tona em 2012. Naquela época, Patrícia e eu tínhamos duas empresas: uma escola profissionalizante na cidade de Barueri (SP) e uma consultoria comercial que atendia clientes do segmento educacional. Eu e minha esposa trabalhávamos juntos fazendo as empresas funcionarem, e posso dizer que estávamos na melhor fase das nossas vidas até então. Foi quando Patrícia ficou doente. Infelizmente, ela teve uma crise de estresse seguida de uma depressão profunda. Naquele momento, precisei me afastar um pouco dos negócios para cuidar da Patrícia. Descobri que, enquanto eu tentava acompanhar minha esposa, não havia ninguém preparado para cuidar das nossas empresas. Percebi que eu não tinha empresas de verdade, pois o sucesso conquistado até então era sustentado por uma carga excessiva de trabalho.

    Na prática, eu não tinha empresas, e sim um autoemprego, uma auto-ocupação. Eu não contava com uma equipe de verdade, pois percebi que tudo dependia diretamente de mim e da Patrí-

---

2   GALLUP. *State of the American Workplace Report, 2017*. Disponível em: https://www.gallup.com/workplace/238085/state-american-workplace-report-2017.aspx.

cia para funcionar. Ainda pior: os resultados despencavam mês após mês. Entendi, da maneira mais dura possível, que eu não era um empresário de fato, não era alguém na liderança das nossas empresas: eu era um *empresidiário* que estava enclausurado em um sistema de trabalho prestes a desmoronar. Foi uma das fases mais assustadoras da minha vida, e, admito, em vários momentos pensei que iríamos quebrar de novo.

Naquele período percebi que não ia conseguir fazer nada sozinho. Decidi buscar ajuda, pois estava trabalhando demais enquanto me dividia entre administrar os desafios das empresas e cuidar da minha família e da minha esposa. Com dificuldade, compreendi que deveria dar um jeito de separar um pouco de tempo para me desenvolver melhor como empresário. Eu precisava encontrar uma forma de sair daquela situação de uma vez por todas. Entendi a verdade que ainda não tinha enxergado: a empresa é reflexo direto do dono. Se quisesse ter uma empresa forte de verdade, eu precisaria me fortalecer como um empresário profissional.

Não foi fácil nem rápido, mas aos poucos fui aprendendo a liderar melhor a minha empresa. As coisas passaram a andar, fui cuidando da minha esposa, e ela começou a vencer a depressão. Quanto mais eu me desenvolvia como empresário, mais os negócios reagiam. Enfim, graças a Deus, a muito trabalho e aos conhecimentos que eu estava adquirindo mês após mês, consegui superar aquela que parecia ser a maior crise das nossas vidas, pois havia impactado não apenas as nossas empresas e as nossas finanças diretamente, mas também a nossa família.

Depois de algum tempo, assimilei princípios empresariais extraordinários que, ao serem aplicados, fizeram minha empresa crescer de forma sustentável. E o melhor: sem precisar diretamente da minha presença para funcionar! Passei a mapear e aplicar esses princípios, e rapidamente os empreendimentos voltaram a crescer. Então vieram outras escolas, outros negócios, que estavam prosperando empresarial e financeiramente como nunca. As empresas já não dependiam da minha presença constante para funcionar. Constatei, na prática, que qualquer pessoa, ao aplicar os princípios corretos ao seu negócio, pode ser capaz de construir uma vida de crescimento com liberdade empresarial.

Ao refletir sobre a minha própria jornada, comecei a me questionar sobre quantos outros empreendedores enfrentam situações semelhantes àquelas pelas quais passei. Será que você já vivenciou algo parecido? Em algum momento você se sentiu sobrecarregado e sem conseguir fazer as coisas funcionarem do modo que gostaria? Tenho certeza de que a resposta é "sim". Mas devo contar algo que pode mudar sua vida. Ao me esforçar para sair daquela prisão e trilhar o caminho pela busca da liberdade empresarial, descobri que cinco princípios fundamentais geram crescimento sustentável nos negócios e uma vida com liberdade.

Este livro é justamente sobre eles! Quero ajudar você a fortalecer as suas crenças empresariais, aplicar esses cinco princípios aí na sua empresa, adquirir as ferramentas necessárias para o seu crescimento e dar aquele empurrão estratégico rumo aos resultados nos negócios e à tão sonhada liberdade empresarial.

Agora reflita: o que significa liberdade empresarial para você? No meu ponto de vista, é a capacidade de criar um negócio que cresce em faturamento e lucratividade e, ao mesmo tempo, permite que o empresário desfrute de autonomia, flexibilidade, propósito e realização pessoal. É poder trabalhar com algo que você ama, com uma equipe que você admira e que também o admira, com independência para escolher como, quando e onde trabalhar!

Para alcançar essa liberdade, é fundamental entender que cada tipo de empresário enfrenta os seus próprios desafios. Eles podem parecer grandes, mas, acredite, com dedicação e esforço, todos podemos superá-los. É possível ter um negócio de sucesso e ainda usufruir de tempo para cuidar de si mesmo e da sua família. É possível criar um ambiente de trabalho agradável, onde todos se sintam valorizados e motivados. É possível promover um impacto positivo na sociedade, fazendo a diferença na vida das pessoas.

Então, se você tem um sonho empreendedor, saiba que o caminho pode parecer longo, mas é igualmente recompensador. Ao longo das próximas páginas, espero que você compreenda que ter liberdade empresarial não é um sonho distante: é uma realidade que você pode alcançar com dedicação, persistência e, principalmente, com as estratégias certas. Juntos, vamos construir um futuro no qual você seja dono do seu próprio destino, usufrua de uma vida equilibrada e administre um negócio próspero e lucrativo.

Portanto, vamos buscar juntos a sua liberdade empresarial! Compartilharei minhas experiências, meus aprendizados e minhas conquistas para que, ao final da leitura deste livro, você se sinta motivado e confiante para trilhar seu próprio caminho de sucesso e realização.

Antes, quero pedir uma permissão especial às mulheres empresárias, que somam mais de 40% dos meus clientes e mentorados. Para facilitar a nossa leitura, utilizarei o substantivo "empresário", no gênero masculino, por uma questão meramente gramatical. Ressalto que vocês, empresárias, são para mim motivo de orgulho, respeito e irrestrita admiração.

Bora começar? Então, vamos nessa! A liberdade empresarial nos espera. Tenho certeza de que o que está por vir será uma jornada de muita superação e sucesso.

PRA CIMA!

O PESADELO EMPRESARIAL

Você já ficou sabendo na minha história como eu descobri ser um *empresidiário*. Agora quero compartilhar com você um sonho que tive – na realidade, um pesadelo que se revelou pra mim como uma espécie de visão. Esse sonho, que passo a relatar agora, foi decisivo no processo de inspiração para a escrita deste livro.

De repente, eu me vi na calçada diante de uma grade, enquanto fixava meu olhar dentro de uma loja. A grade de ferro bloqueava a entrada de uma extremidade à outra, transformando a loja num cárcere. Lá fora, eu tentava chamar a atenção do dono da loja, um empresário com cerca de quarenta anos. Sem compreender direito o que estava acontecendo, eu gritava para que ele saísse daquela prisão, sentia um aperto estranho no peito ao ver aquele homem preso atrás daquelas grades. De repente, percebi mais pessoas do lado de fora, algumas delas pareciam ser da família dele. Que estranho tudo isso!

Nós tentamos chamar a atenção do homem, mas nada fazia com que ele notasse. Foi quando percebi, no centro da loja, um grande relógio na parede, o ponteiro girava rapidamente acelerando o tempo. À medida que as horas passavam, o homem ia envelhecendo! Assustado, eu forçava as barras de ferro com minhas mãos, sentia que precisava libertá-lo!

Meu desespero aumentou quando vi seu cabelo ficando grisalho e ralo – ele estava envelhecendo ali, bem diante dos meus olhos. Com o tempo passando naquela velocidade, ele teria pouco tempo. Finalmente, depois de gritar desesperadamente, consegui chamar sua atenção. Ele olhou nos meus olhos e gesticulou como se perguntasse qual produto eu queria comprar. No entanto, minhas palavras eram outras: eu gritava para que ele saísse dali antes que fosse tarde demais, pois sua família também envelhecia do lado de fora na mesma velocidade. Meu Deus.

O homem tentou caminhar em minha direção, mas foi puxado por uma corrente que o prendia ao caixa da loja. Olhei para o relógio e vi que o tempo estava ainda mais acelerado, e o homem, ainda mais envelhecido! Nesse momento, aquelas outras pessoas se juntaram a mim e começaram a gritar. Ouvi chamados de "pai", "papai", "amor", "filho", gritos de "precisamos de você!". Porém, nesse momento, o homem já estava tão velho que não conseguia mais ouvir, tão cego que não conseguia ver e tão preso em suas correntes que não conseguia mais andar.

Eu estava desesperado, era como se eu pudesse sentir a dor da sua família enfraquecida vendo tudo acabar ali. Eu continuava a gritar e a forçar as barras, meu corpo estava tremendo, meu coração começou a doer, e, naquele pico de agonia, eu acordei.

Esse foi um sonho perturbador para mim. Naquela noite, não fui capaz de compreender seu significado e muito menos de extrair grandes aprendizados. Contudo, tempos depois, percebi que se tratava da visão do aprisionamento do empresário em sua própria empresa. Aquele empresário do pesadelo estava tão preso que não tinha ouvidos para ouvir, nem olhos para enxergar a dura realidade de sua prisão empresarial. Foi um sonho bastante realista se comparado ao cenário de aprisionamento empresarial que se observa nos dias atuais. Mas será mesmo que um negócio que nasceu para gerar liberdade deveria se transformar em um *empresídio*?

1
O PSEUDOEMPRESÁRIO E O EMPRESÁRIO ILUDIDO

Se quisermos alcançar a liberdade empresarial, precisaremos entender onde estamos e quem somos como empresários. Será que somos profissionais ou amadores? Relevantes ou medíocres? Livres ou aprisionados dentro de nossas empresas? Estamos realmente fazendo o que precisa ser feito ou nos enganando?

Empresário deveria ser uma profissão como qualquer outra, mas a realidade nos mostra algo bem diferente. Para nos tornarmos médicos, por exemplo, frequentamos uma faculdade de medicina; para sermos advogados, seguimos um caminho de aprendizado e certificação no curso de direito. E para sermos empresários, o que fazemos? Onde buscamos nossa formação? Infelizmente, não há um processo formal de profissionalização empresarial. Nossa preparação acontece na prática, nos bastidores das nossas empresas, enfrentando desafios e comemorando conquistas, muitas vezes amargando derrotas. Aprendemos organicamente com erros, acertos, sucessos e fracassos; algo prático, real e frequentemente desafiador. E esse processo deixa muitos para trás, perdidos nessa intensa jornada.

De acordo com o estudo "Demografia das Empresas e Estatísticas de Empreendedorismo", realizado pelo IBGE[3] (2020), aproximadamente 30% das empresas fecham as portas antes de completarem três anos de atividade. A maioria daquelas que sobrevivem após esse período está apenas subsistindo, enfrentando resultados insatisfatórios. A sensação de fracasso que é geralmente associada ao fechamento ou à falência de um empreendimento também é vivenciada por empresários que arrastam suas empresas nas costas por anos, sem alcançar os resultados desejados. Essa é a dura realidade de milhares de *empresidiários* Brasil afora.

---

3 IBGE. *Demografia das Empresas e Estatísticas de Empreendedorismo*, 2020. Disponível em: https://www.ibge.gov.br/estatisticas/economicas/servicos/22649-demografia-das-empresas-e-estatisticas-de-empreendedorismo.html?=&t=sobre.

Se quisermos alcançar
a liberdade empresarial,
precisaremos entender
onde estamos e quem somos
como empresários.

E você? É um empresário ou um *empresidiário*? Essa mesma pergunta ecoou em minha mente durante muito tempo enquanto eu trabalhava intensamente nas minhas empresas em busca da realização dos meus sonhos de sucesso e prosperidade. Foi quando percebi, depois de me tornar mentor empresarial e de passar a observar e acompanhar, literalmente, milhares de empreendimentos, alguns padrões comuns entre os empresários que as lideravam.

Para que fique mais fácil de entender, separei esses padrões em quatro grupos diferentes que chamo de "Os quatro tipos de empresários". São eles: o **pseudoempresário**, o **empresário iludido**, o *empresidiário* e o **empresário estratégico**. Neste capítulo, vamos analisar os dois primeiros com exemplos práticos, para que você possa entender melhor as características de cada um e já iniciar essa jornada de transformação e resultados. Bora lá?

O **pseudoempresário** é alguém que abriu ou comprou uma pequena empresa, e por alguns motivos passa o dia todo fazendo o trabalho praticamente sozinho, sem contratar os funcionários que deveria ou delegar as tarefas certas para cada um deles. Esse empreendedor não tem visão de crescimento, por isso não investe em sua própria capacitação empresarial. Acaba sendo o principal responsável, senão o único, por todas as atividades do negócio.

Pseudoempresários são um exemplo comum de empreendedores que não conseguem expandir os seus negócios. Uma pesquisa realizada pela Endeavor[4] (2019), organização global de fomento ao empreendedorismo, mostrou que a falta de conhecimento empresarial é uma das principais causas de mortalidade de pequenas empresas no Brasil. Por não ter a mentalidade empresarial necessária, o pseudoempresário acaba por se tornar

---

[4] Endeavor. *Raio-X do ambiente de negócios brasileiro*, 2019. Disponível em: https://endeavor.org.br/pesquisas.

uma barreira ao crescimento de seu próprio negócio. Uma triste realidade.

DILEMA DO PSEUDOEMPRESÁRIO
Ter uma ideia superficial do que representa ser um empresário na prática e, por isso, se arriscar em um empreendimento sem contar com as habilidades e a mentalidade necessárias para fazer o negócio dar certo. Isso pode levar a sérios desafios, como a dificuldade em contratar uma equipe, baixo resultado de vendas, fusão de pessoa física com pessoa jurídica no financeiro, falta de planejamento e de visão clara de futuro. A consequência de tudo isso é a necessidade de trabalhar muito sem obter os resultados desejados. Na teoria ele é um empresário e tem CNPJ, mas na prática é apenas um funcionário da própria empresa e tem um autoemprego.

CONSELHO AO PSEUDOEMPRESÁRIO
Se em algum ponto você se identificou com esse tipo de empresário, invista em capacitação e no desenvolvimento das suas habilidades empresariais para evoluir da mentalidade de funcionário para a mentalidade de empresário. Assim você vai construir um negócio capaz de crescer de modo sustentável.

Para ilustrar melhor as situações que vou abordar, recorrerei ao longo do livro a alguns exemplos reais de mentorados que participam ou participaram dos meus programas de mentorias, mas os nomes serão fictícios a fim de preservar as suas identidades.

Um caso que demonstra muito bem a situação de um pseudoempresário é o de Jaqueline. Ela trabalhou por muitos anos em uma loja de roupas, e sempre teve o sonho de abrir seu próprio negócio. Era apaixonada por moda e tinha um ótimo gosto para escolher peças que agradavam às suas clientes. Então, investiu todas as suas economias para abrir a própria loja. Mas, ao contrário do que ela imaginava, as coisas não foram tão fáceis como previa. Ela passava o dia todo trabalhando 100% no operacional, e fazia quase tudo sozinha, da escolha das roupas até o atendimento às clientes. Por falta de confiança, Jaqueline evitava delegar tarefas para suas ajudantes e não encontrava tempo para investir em sua própria capacitação como empresária, e por isso desconhecia a existência de um plano de crescimento para o negócio.

Com o tempo, Jaqueline percebeu que a falta de conhecimento empresarial estava prejudicando o sucesso de seu empreendimento. Mesmo atuando pessoalmente nas vendas, a loja não conseguia crescer e ela não podia se dedicar a outras atividades importantes, como organizar suas finanças, pesquisar fornecedores ou até mesmo descobrir canais e formas de vender diferenciados. Por mais que minha mentorada fosse uma boa vendedora, suas habilidades como empresária ainda eram insuficientes. A situação da empresa só piorou. Como mentor, minha missão foi ajudá-la a deixar de ter um autoemprego e se tornar a líder de que seu empreendimento e sua pequena equipe precisavam.

A história de Jaqueline teve um final feliz. Ela aprendeu os princípios necessários, começou a liderar seu time, implementou as ferramentas e fez sua loja crescer. Aumentou o faturamento com a lucratividade que queria, até que em pouco tempo abriu mais uma loja e foi crescendo de forma sustentável.

Lamento dizer que essa não é a realidade da maioria dos empreendedores. Muitos têm um potencial incrível, mas não conseguem expandir seus negócios, principalmente pela falta de investimento em sua própria capacitação empresarial. Em vez disso, eles atuam na empresa com a mentalidade de funcionário e acabam impedindo o crescimento de seus empreendimentos, sem perceber que estão perdendo oportunidades de sucesso.

> **PENSE NISTO**
> Você nunca será um empresário lucrativo com liberdade empresarial se tiver uma mentalidade de funcionário assalariado e permanecer preso no operacional da sua empresa.

O **empresário iludido**, por sua vez, até dispõe de uma boa dose de conhecimento técnico, mas não sabe como fazer a sua empresa deslanchar como gostaria. Ele pode ser ilustrado por um advogado que decidiu inaugurar seu próprio escritório, ou pela cabeleireira que resolveu estabelecer seu salão de beleza, ou por qualquer outro profissional que tenha conhecimento técnico na sua área de atuação, mas talvez não o conhecimento necessário para fazer sua empresa prosperar.

Aqui, quero usar outro exemplo de um de meus mentorados, o Gérson, um engenheiro que optou por abrir a sua própria construtora. Ele era um desses casos de empresário iludido. Frequentou uma faculdade de prestígio que o formou como um ótimo engenheiro civil, mas o curso não o preparou para ser um empreendedor do ramo da construção. De alguma forma ele se iludiu, acreditando que seus conhecimentos técnicos em engenharia seriam suficientes para garantir o sucesso da construtora que abriu. Quando o conheci, a construtora até funcionava bem, mas ele não alcançava o crescimento e a evolução que tanto desejava, pois não dispunha das habilidades empresariais necessárias. Durante nossa jornada de mentoria, ele começou a dominar os princípios empresariais do crescimento. Gérson foi adquirindo habilidades de liderança, gestão de pessoas e estratégias de vendas. Além de melhorar seus conhecimentos, em pouco tempo ele já comemorava os resultados de faturamento e de lucro que jamais havia alcançado.

> **LEMBRE-SE**
> As habilidades técnicas fazem você iniciar uma empresa, mas são as habilidades empresariais que vão permitir que ela prospere.

O empresário iludido é outro perfil bastante comum no mundo dos negócios. Muitas pessoas se iludem ao acreditar que basta ter conhecimento técnico para abrir e gerir uma empresa, mas a realidade é bem diferente. Tenho certeza de que você conhece muita gente assim. O cara parece bom no que faz, mas não sabe como fazer a sua empresa crescer e gerar resultados de verdade.

O empresário iludido pode acreditar que o conhecimento técnico supera as demais áreas, até o momento em que a realidade bate à porta. Por isso, é fundamental que esse tipo de empreendedor busque capacitação nas áreas que ainda não domina. Participar de cursos e imersões, procurar a mentoria de empresários experientes e até mesmo contratar consultores empresariais são formas de adquirir os conhecimentos e as habilidades que ainda faltam para obter sucesso no negócio.

> **DILEMA DO EMPRESÁRIO ILUDIDO**
> Ele costuma ter uma visão distorcida de sua própria capacidade empresarial, o que pode levar a decisões equivocadas e a uma postura arrogante em sua atuação na empresa, diante do mercado e dos concorrentes. Isso pode provocar problemas como falta de inovação, recusa em se adaptar às novas tendências e perda de oportunidades de crescimento.
>
> **CONSELHO AO EMPRESÁRIO ILUDIDO**
> Abrir a mente para o conhecimento empresarial, entendendo que a parte técnica representa apenas uma peça no quebra-cabeças do negócio. É importante dominar os princípios do cresci-

mento e buscar capacitação em áreas como cultura empresarial, estratégia e gestão, liderança, finanças lucrativas, marketing e vendas, por exemplo.

Tive outra mentorada, a Ana, que sempre cozinhou muito bem e recebia muitos elogios por preparar pratos deliciosos em suas reuniões familiares e com os amigos. Ela decidiu, então, abrir seu próprio restaurante para que outras pessoas pudessem provar suas receitas e experimentar uma comida saborosa. Quando Ana veio me pedir ajuda, percebi que ela não tinha conhecimento nem experiência em liderar uma empresa. Estava inconscientemente se iludindo, acreditando que o talento culinário poderia ser suficiente para garantir o sucesso do seu restaurante. Ana já enfrentava sérios desafios, sua equipe parecia jogar contra. Ela não conseguia liderar, não estava atraindo a quantidade necessária de clientes para faturar como precisava, não sabia e não conseguia investir em marketing. Por tudo isso, ela não era capaz de crescer como o esperado. De repente, Ana percebeu que a paixão e o sonho de um restaurante bem-sucedido estavam se transformando em um pesadelo, em que tudo dependia dela. Quando se deu conta, o que menos conseguia fazer no restaurante era cozinhar como tanto amava.

A essa altura, Ana já era uma forte candidata a *empresidiária*!

Ao ajudá-la como seu mentor, consegui fazê-la compreender que ela precisava lidar com questões além da cozinha. Ana adquiriu habilidades e capacidades empresariais, começou a dominar os cinco princípios da liberdade empresarial e finalmente virou o jogo para desfrutar dos resultados do seu negócio. Deixou de ser uma cozinheira técnica para se transformar em uma empresária do ramo da alimentação. Que história gratificante!

Embora eles possam parecer semelhantes à primeira vista, entenda que existem diferenças cruciais entre o pseudoempresário e o empresário iludido. Vou reforçar os conceitos, para que você não fique com nenhuma dúvida.

O pseudoempresário é aquele que tem uma empresa, mas não consegue expandi-la, pois não possui um plano de crescimento. Ele não delega tarefas, não contrata os funcionários necessários e não investe em sua própria capacitação como empresário. Como consequência, acaba sendo o principal responsável (senão o único) por todas as atividades da empresa, sem conseguir avançar em seu empreendimento. Em resumo, ele cultiva uma mentalidade de funcionário.

Já o empresário iludido é alguém que acredita que suas habilidades técnicas em uma área específica, como engenharia, gastronomia ou outra qualquer, são suficientes para garantir o sucesso do seu negócio. No entanto, ele não tem capacidade de liderança nem conhecimentos estratégicos. Como resultado, acaba estagnado em suas iniciativas e consequentemente enfrenta sérios desafios por falta de crescimento na sua empresa.

O pseudoempresário tem a mentalidade de funcionário e um autoemprego; já o empresário iludido domina a técnica, mas não tem capacidade empresarial para fazer o seu negócio crescer em faturamento e lucratividade. Em ambos os casos, é questão de tempo até se tornarem *empresidiários*.

A SÍNDROME DO EMPRESIDIÁRIO

A esta altura, você já está percebendo quão grave pode ser o estado de um *empresidiário*. Então vamos falar de forma mais prática sobre ele. Essa é definitivamente a condição mais perigosa para um empreendedor, pois se trata daquele tipo de empresário que tem um negócio possivelmente já consolidado, às vezes até de médio ou de grande porte, com um bom faturamento e alguns ou muitos funcionários. Ele tipicamente usa sua própria competência como base principal para o crescimento da empresa e não os princípios empresariais. No início, isso até funciona. Quanto mais ele se dedica, mais a empresa cresce. Quanto mais trabalha, mais os resultados aparecem. Até aí, tudo bem. O grande problema é que esses pseudorresultados acabam sendo fruto de um trabalho operacional por parte do empresário. Em vez de a empresa crescer para cima em estratégia, ela cresce ao redor do empresário. Quando ele se dá conta, tudo está dependendo de seu esforço para funcionar. Quanto mais a empresa cresce, mais o negócio exige que esse empresário trabalhe para manter tudo de pé.

O *empresidiário* é naturalmente centralizador, pois cultiva secretamente o medo de perder tudo o que conquistou até então. Na prática, ele é o melhor funcionário de sua empresa, mas tem o pior emprego do mundo. É aquele que mais trabalha, aparentemente é o mais competente, porém, na realidade, não usufrui dos mesmos benefícios que seus colaboradores. Às vezes, tampouco obtém uma verdadeira prosperidade financeira. Em geral ele se sente solitário ao precisar dar conta de tudo sozinho.

E você, de alguma forma, já se sentiu desse jeito?

Costumo dizer que uma empresa deveria ser um instrumento de liberdade. Permitir-se ficar preso ao operacional é como sofrer de uma doença empresarial fatal e silenciosa, que vai minando a sua energia vital enquanto você trabalha incessantemente. Esse esforço descomunal, muitas vezes sem uma visão clara do caminho a seguir, pode levar a uma sensação de sufocamento e des-

Quero convidar você a levantar comigo a bandeira #chegadeserempresidiário.

motivação e, por fim, gerar consequências graves em todos os aspectos da vida, sobretudo emocionais.

Durante a minha jornada, percebi muitas vezes que eu me encontrava nesse estado. Eu me sentia soterrado pelas tarefas e pressões do dia a dia, tudo parecia depender de mim e eu não dava conta de realizar tudo o que precisava. Pior: quanto mais envolvido eu ficava em tudo isso, menos tempo sobrava para compartilhar com a minha família.

Será que você se identifica com esse cenário? Acredita estar nessa mesma situação?

DILEMA DO EMPRESIDIÁRIO

Dificuldades para equilibrar a vida pessoal e a profissional, desafios em montar um time que realmente entregue resultados e no qual ele possa confiar. Às vezes tem um bom faturamento, mas encontra dificuldade em saber onde está o lucro de fato. Sofre pela falta de um propósito empresarial claro, o que leva a uma sensação de sufocamento e desmotivação. O *empresidiário* trabalha muito, mas sem saber exatamente para onde o negócio se encaminha.

Infelizmente, o *empresidiário* é uma categoria cada vez mais comum no mundo dos negócios. Ele é facilmente identificável. Está constantemente sobrecarregado, preso em seu próprio negócio e é incapaz de delegar tarefas ou de confiar em seu time. Tende a centralizar todas as decisões e a se envolver em cada aspecto do negócio, sem permitir que sua equipe cresça e se desenvolva.

O *empresidiário* também costuma trabalhar longas horas, muitas vezes sacrificando seu tempo livre, sua saúde e a vida pessoal em prol do negócio. Além disso, é comum que ele não consiga tirar férias, pois acredita, de alguma forma, que a empresa não sobreviverá sem a sua presença. Isso pode resultar em um ambiente de trabalho tenso e até insustentável, com alta rotatividade de funcionários. Em última análise, ele trabalha em um negócio estagnado, incapaz de evoluir e de prosperar.

Com o tempo, percebemos outros sintomas, tais como falta de esperança, desilusão, intimidação e desânimo. Tudo isso leva à cegueira empresarial e, por fim, ao fracasso. Ser um *empresidiário* pode ser uma sentença de prisão perpétua para aqueles que não conseguem enxergar suas próprias prisões e escapar delas!

A síndrome do *empresidiário* não é somente o oposto da liberdade empresarial. É uma doença que vai minando a energia vital até que esse empreendedor fique preso em um círculo vicioso de trabalho improdutivo, comprometendo diretamente a sua saúde, energia e qualidade de vida.

Acreditar ser a única pessoa capaz de fazer as coisas funcionarem do jeito certo é definitivamente uma armadilha para o *empresidiário*. Eu me comportava exatamente desse modo. Depois, descobri que não estava sozinho. Uma pesquisa realizada pela empresa Gattaz Health & Results[5] mostrou que um em cada cinco profissionais brasileiros sofre com a síndrome de burnout, e certamente essa realidade deve ser ainda pior entre os donos do negócio. Além disso, o *empresidiário* corre outro sério risco: perder a paixão e o entusiasmo que o levaram a empreender! Isso acontece porque ele acaba carregando tudo nas costas, e muitas vezes não obtém o resultado nem o reconhecimento que merece.

Muitos *empresidiários* acabam por desenvolver a síndrome de burnout, um distúrbio psíquico que pode evoluir para doenças físicas se não for tratado, incluindo problemas coronarianos, hipertensão e depressão profunda. Uma pesquisa publicada no

---

[5] LACERDA, F. Um em cada cinco profissionais de grandes empresas no Brasil sofre de burnout. *ISTOÉ Dinheiro*, 14 out. 22. Disponível em: https://www.istoedinheiro.com.br/1-em-cada-5-profissionais-de-grandes-empresas-no-brasil-sofre-de-burnout.

Harvard Business Review[6] apontou que 25% dos empresários foram acometidos pela síndrome do esgotamento profissional em 2018, sendo provável que esse número tenha aumentado consideravelmente durante a pandemia de covid-19. Recentemente, o Ministério da Saúde incluiu a síndrome de burnout na lista de doenças ocupacionais.

Faço questão de trazer esse assunto aqui, até mesmo como um alerta, pois eu mesmo, em vários momentos da minha vida empresarial, já me senti exatamente desse modo. Os sintomas iniciais do esgotamento começam com um leve cansaço, que vai piorando até chegar à exaustão, somando-se ao desânimo, à ansiedade e à preocupação. Os empresários, em especial os *empresidiários*, estão suscetíveis à síndrome de burnout devido à sobrecarga de trabalho e à falta de equilíbrio entre a vida pessoal e a profissional.

Com base no livro *Burnout: The Cost of Caring* de Christina Maslach (em tradução livre para o português, "Burnout: O custo de cuidar"), podemos descrever doze estágios do burnout. Antes de listá-los, quero convidar você a fazer uma reflexão sobre a sua rotina e a maneira como tem conduzido seu estilo de vida empresarial, pois só podemos partir em busca de uma solução quando aceitamos o problema.

OS DOZE ESTÁGIOS DO BURNOUT

Aqui estão os estágios da doença:

1. EXCESSO DE AMBIÇÃO E EXPECTATIVAS
   O indivíduo começa a estabelecer metas ambiciosas, muitas vezes irrealistas, e espera resultados imediatos.

---

[6] HARVARD BUSINESS REVIEW. *HBR Guides to Mananing Stress and Burnout*. Massachusetts: Harvard Business Review Press, 2021.

2. DEDICAÇÃO EXCESSIVA
   A pessoa começa a trabalhar por muitas horas, sacrifica a vida pessoal e se sobrecarrega para atingir suas metas.

3. NEGLIGÊNCIA DAS NECESSIDADES BÁSICAS
   O indivíduo passa a negligenciar o autocuidado, incluindo dormir, alimentar-se adequadamente e manter relações sociais.

4. DESPREZO PELOS PRÓPRIOS SENTIMENTOS E NECESSIDADES
   A pessoa começa a ignorar ou minimizar seus próprios sentimentos e suas necessidades emocionais, adotando uma postura de autossacrifício.

5. REDEFINIÇÃO DE VALORES E PRIORIDADES
   Os valores e as prioridades do indivíduo mudam, passando a focar exclusivamente o trabalho e o sucesso profissional, em detrimento de outras áreas importantes da vida.

6. NEGLIGÊNCIA DE PROBLEMAS E CONFLITOS
   A pessoa começa a evitar ou negar a existência de problemas e conflitos no ambiente de trabalho e na vida pessoal.

7. ISOLAMENTO SOCIAL E EMOCIONAL
   O indivíduo se afasta de amigos, familiares e colegas, tornando-se cada vez mais isolado social e emocionalmente.

8. IRRITABILIDADE E MUDANÇAS DE HUMOR
   A pessoa passa a apresentar irritabilidade, impaciência e mudanças bruscas de humor, o que afeta seus relacionamentos interpessoais.

9. DESPERSONALIZAÇÃO E DESAPEGO
   O indivíduo começa a se sentir desconectado de si mesmo, dos outros e do trabalho, perdendo o sentido de pertencimento e de identidade.

10. SENSAÇÃO DE VAZIO E DESESPERANÇA
A pessoa começa a questionar o propósito e o significado do trabalho e da vida.

11. SINTOMAS DE DEPRESSÃO E ANSIEDADE
O indivíduo apresenta sintomas de depressão e ansiedade, como tristeza, apatia, medo e preocupação excessiva.

12. COLAPSO FÍSICO E EMOCIONAL
O indivíduo atinge o ponto de exaustão física e emocional, podendo apresentar problemas de saúde, como doenças cardiovasculares, distúrbios do sono, dores crônicas e outros. Nesse estágio, é fundamental buscar ajuda médica e psicológica, mas ao identificar qualquer um dos estágios anteriores, procure ajuda profissional.

Ser *empresidiário* não é somente uma das causas do burnout; ser *empresidiário* já é estar desenvolvendo burnout em algum nível!

CONSELHO AO EMPRESIDIÁRIO
Esse tipo de empresário precisa aprender a pensar de forma estratégica, definindo metas claras, estabelecendo prioridades e delegando tarefas para sua equipe. Além disso, ele deve entender que boa parte dos resultados gerados na empresa é consequência dos resultados que ele gera em sua vida pessoal. Buscar aconselhamento e orientação de mentores experientes e contratar consultores especializados em gestão para ajudá-lo a identificar pontos fracos e desenvolver uma estratégia mais eficaz para sua empresa é recomendável e proporciona rápidos resultados.

Não existe empresa forte com empresário fraco; não existe empresa saudável com empresário doente!

Os três tipos de empresários até aqui apresentados – o pseudoempresário, o empresário iludido e o *empresidiário* – precisam trabalhar em autoconhecimento e também desenvolver humildade para reconhecer e identificar suas fraquezas, pois só assim será possível buscar meios de superá-las. É importante que eles estejam abertos a mudanças e adaptações a fim de acompanhar as tendências do mercado e também as necessidades dos seus clientes. A boa notícia é que, com comprometimento e dedicação, todos podem avançar e obter resultados satisfatórios.

Antes de concluir este capítulo, quero convidar você a levantar comigo a bandeira *#chegadeserempresidiário*. Acredito ser possível romper as correntes que prendem os empresários às suas empresas e encontrar a verdadeira e merecida liberdade empresarial. Essa não é somente uma meta a ser alcançada, e sim um estado de espírito que se cultiva por meio de uma visão clara, dedicação e coragem para enfrentar os dilemas que nos afligem e nos roubam a alegria de viver.

Bora pra cima?

A LIBERDADE EMPRESARIAL

Ter liberdade de qualidade de vida é poder trabalhar de forma produtiva e satisfatória no seu sonho empresarial.

Eu não sei exatamente quais foram os motivos que levaram você a empreender, mas posso afirmar que, no fundo, eles estão diretamente relacionados a um desejo de liberdade.

A liberdade é a paixão mais intensa e íntima presente na vida de um ser humano e de um empresário. Como empreendedores, desejamos nos libertar de uma vida sem autonomia, da mediocridade, de empregos sem futuro, de crises profissionais, de líderes despreparados, de uma vida sem propósito. Certamente você iniciou sua empresa com o objetivo consciente ou inconsciente de alcançar a liberdade em um ou mais aspectos da sua vida, talvez buscando a liberdade de crescimento, quem sabe a liberdade financeira, a liberdade de qualidade de vida, ou até buscando a liberdade de propósito.

Na prática, ter liberdade empresarial significa ter uma vida dedicada à construção das quatro liberdades a seguir.

LIBERDADE DE CRESCIMENTO

Uma empresa que não está crescendo está morrendo. Um empresário que não se permite crescer comete suicídio em pequenas doses. O crescimento empresarial se refere à capacidade de evoluir como um empresário estratégico, que se liberta do operacional do dia a dia. Um líder que desenvolve um time de alta performance, que sustenta e garante a qualidade da empresa, que constrói um negócio com cultura de resultados em um modelo com faturamento previsível e escalável. Liberdade de crescimento é, na prática, saber o caminho, ter nas mãos as estratégias para construir uma empresa feita para vencer, uma empresa estabelecida para durar.

LIBERDADE FINANCEIRA

Essa liberdade permite que você garanta os investimentos necessários para um futuro próspero e seguro para sua empresa e para sua família. Ela também é o passaporte para que você siga seus sonhos. Empresarialmente, é ter um negócio que cresça de maneira lucrativa e que possua um caixa de segurança. Pessoalmente, é poder fazer retiradas estratégicas de lucro que permitam construir riqueza e patrimônio como pessoa física, e, além disso, possibilitar que você realize seus sonhos materiais e proporcionar uma vida de liberdade empresarial.

LIBERDADE DE QUALIDADE DE VIDA

A sua empresa precisa ser um instrumento de qualidade para você e para as pessoas mais importantes da sua vida. Ter liberdade de qualidade de vida é poder trabalhar de forma produtiva e satisfatória no seu sonho empresarial. Ter tempo e disciplina para cuidar de você e da sua saúde, tempo de qualidade para cultivar o seu maior empreendimento, que é a sua família. É poder tirar férias com as pessoas que mais ama, viver e proporcionar experiências marcantes na vida delas e ter a convicção de que tudo está valendo a pena.

LIBERDADE DE PROPÓSITO

Viver a liberdade de propósito é ter o compromisso de construir um negócio que cresça gerando valor para o país por meio das contribuições tributárias, mas ao mesmo tempo é poder liderar uma empresa que impacte positivamente a vida da sua família e a dos seus colaboradores. É ter a convicção de que a empresa é uma plataforma de transformação. Assumir o compromisso de colaborar com a mudança de que o mundo precisa por intermédio do seu negócio. Viver a satisfação de trabalhar e prosperar em um empreendimento que de fato faz uma diferença positiva e deixa a sua marca no mundo.

Agora, reflita: vale ou não a pena construir uma vida de liberdade empresarial?

Manter as quatro liberdades equilibradas é o antídoto para que os empresários evitem cair na armadilha do *empresidiário* e assim garantam que a paixão pela liberdade empresarial continue a arder dentro do peito.

É essencial reconhecer em qual momento se deve realizar as mudanças, ajustar as estratégias e, acima de tudo, recordar as razões pelas quais a jornada empresarial foi iniciada. Então, mais uma vez eu pergunto: como podemos identificar esse momento se estamos aprisionados como empresários? A resposta está em avaliar a liberdade que você vive ou está deixando de viver neste exato momento!

Faça um autoexame, com honestidade: Você está vivendo a liberdade de crescimento na prática? Você desfruta da liberdade financeira proporcionada pelo seu negócio? Como está a sua liberdade de qualidade de vida? Você tem convicção de que a sua empresa é a sua missão, de que tem um negócio com propósito?

Nos próximos capítulos vamos trabalhar os cinco princípios para viver, na prática, essas quatro liberdades, definitivamente. Você vai desfrutar de resultados de crescimento nos negócios e de uma vida fora do *empresídio* no qual eventualmente está hoje em dia.

Antes, quero convidá-lo a fazer comigo um plano para desfrutar de um futuro com saúde empresarial.

O QUE É SAÚDE EMPRESARIAL?

Um estilo de vida de liberdade empresarial está ligado diretamente a empreender nas principais áreas da vida, gerando valor e saúde para você e para as pessoas mais importantes em seu convívio.

Eu gosto da definição de saúde da Organização Mundial da Saúde (OMS): "O estado completo de bem-estar". Isso significa que saúde empresarial é a capacidade de desfrutar de plenitude nas principais áreas da sua vida.

A fim de potencializar ainda mais a sua trajetória de crescimento e liberdade, proponho que você entre em ação e construa um "Plano de Saúde Empresarial". Calma! Esse plano nada tem a ver com os convênios médicos que fazemos na empresa para os nossos colaboradores. Trata-se de um plano prático de ação para que você desfrute de uma vida de liberdade e saúde nos principais aspectos da sua vida.

Plano de saúde empresarial

Ao longo da minha jornada observando e orientando milhares de empresários, percebi que o verdadeiro sucesso e a verdadeira realização empresarial vão além do lucro e do crescimento dos negócios. Existe um conjunto de sete aspectos essenciais que, quando equilibrados, tornam o empresário verdadeiramente lucrativo e bem-sucedido.

Um exemplo que ilustra a importância desse equilíbrio é o caso relatado por um empresário multimilionário. Enquanto ele se trocava para sair de casa de manhã, foi surpreendido por sua filha pequena, que agarrou sua calça e perguntou: *"Papai, por que você trabalha tanto e não passa mais tempo comigo?"*. Ele respondeu prontamente que trabalhava para proporcionar o melhor para ela: uma casa confortável, brinquedos e comida na mesa.

Inocentemente, a criança propôs: *"Papai, se eu comer um pouco menos, você fica mais tempo comigo?"*. Essa história deixa claro que não existe sucesso empresarial que compense um fracasso no lar! Definitivamente, o sucesso empresarial não deve ser alcançado a qualquer custo – nem deveria.

Considerando essa percepção, identifiquei sete aspectos que, quando bem observados e valorizados, compõem a verdadeira liberdade empresarial. Longe de representar a busca pela perfeição, eles promovem equilíbrio e bem-estar em todas as áreas da vida. Eu os chamo de "As Sete Saúdes do Empresário". São elas:

1. SAÚDE ESPIRITUAL
   Ter uma conexão profunda com a sua essência, viver de acordo com a sua identidade, ser fiel aos seus valores, ter um relacionamento com o seu criador e viver em prol de um propósito maior.

2. SAÚDE FÍSICA
   Desfrutar de um estilo de vida com vitalidade e energia, cultivando hábitos que fortaleçam o seu corpo, com uma rotina de exercícios físicos, alimentação adequada e sono de qualidade.

Você nunca será um empresário de alta performance se o seu corpo estiver fraco.

---

3. SAÚDE EMOCIONAL
   Desfrutar de uma vida com inteligência e saúde emocional, ter domínio próprio e liderança, gerar amor, conexão e felicidade em seus relacionamentos interpessoais.

4. SAÚDE FAMILIAR
   Cultivar um relacionamento conjugal sólido e maduro, construir um lar seguro e amoroso, gerando e desenvolvendo filhos saudáveis, sucessores que fortaleçam seu legado e façam diferença no mundo.

Sua família é seu maior empreendimento.

5. SAÚDE SOCIAL
Gerar valor para a sociedade de forma intencional e garantir que o mundo, a comunidade e a vida das pessoas ao nosso redor sejam melhores a partir do transbordar de recursos estratégicos, assim como do conhecimento, do tempo, da energia e do dinheiro.

6. SAÚDE EMPRESARIAL
Ser capaz de construir negócios relevantes e sustentáveis, gerar crescimento contínuo de faturamento e lucratividade, promover o crescimento dos seus colaboradores e parceiros e se orgulhar de conduzir um negócio com propósito.

7. SAÚDE FINANCEIRA
Gerar riqueza financeira, proporcionar conforto e segurança para sua família, construir patrimônios, poder desfrutar da qualidade de vida que você tanto merece como empresário e deixar um legado financeiro para as próximas gerações.

Ganhar dinheiro, para um empresário, não é questão de ambição, é questão de merecimento.

Para ilustrar o equilíbrio entre as "Sete Saúdes" e o sucesso empresarial, vejamos a história de Jack Ma, fundador do Alibaba Group, que ilustra a maneira como um empresário asiático buscou equilibrar as sete saúdes em sua vida. Ele trabalhou como professor de inglês por alguns anos, ganhando pouco. Em 1995, aos 31 anos, durante uma visita aos Estados Unidos, Jack conheceu a internet e ficou impressionado com seu potencial. Ele percebeu que havia pouca informação sobre a China na internet e decidiu criar o seu primeiro negócio online, chamado China Pages, que nada mais era do que um diretório de empresas chinesas. Infelizmente, o negócio não obteve sucesso, mas Jack não desistiu.

Em 1999, ele se reuniu com um grupo de 18 amigos em seu apartamento e apresentou a ideia do Alibaba, uma plataforma de comércio eletrônico B2B (*business-to-business*) com o objetivo de conectar fabricantes chineses com compradores internacionais. Com um investimento inicial de cerca de 60 mil dólares, eles lançaram o Alibaba.com. O negócio cresceu rapidamente, e em 2005 o Yahoo investiu 1 bilhão de dólares na empresa, adquirindo uma participação de 40%.

Além de construir um negócio bilionário, Jack Ma ficou conhecido por defender constantemente o equilíbrio entre vida profissional e pessoal. Jack é casado com Zhang Ying, com quem tem três filhos. Durante sua gestão, ele criou benefícios e comodidades no local de trabalho, como refeitórios, áreas de lazer e instalações esportivas, para ajudar a garantir o bem-estar dos funcionários, a quem sempre incentivou a passar tempo com a família e cultivar interesses fora do ambiente de trabalho. Em setembro de 2019, ele renunciou ao cargo de presidente executivo (CEO) da empresa, passando a posição para Daniel Zhang.

Jack Ma permaneceu no conselho de administração do Alibaba até setembro de 2020, quando também renunciou a esse cargo. A decisão de se afastar da liderança do Alibaba foi planejada com antecedência, e ele expressou o desejo de se concentrar em atividades filantrópicas, principalmente no campo da educação. Ma é fundador da Jack Ma Foundation, que tem como objetivo melhorar a educação, o meio ambiente e a saúde pública.

É importante notar que, apesar de suas crenças, Jack Ma também passou por períodos em que trabalhou muito e se dedicou intensivamente à sua empresa, tendo inclusive recebido críticas. Houve momentos em que ele não conseguiu manter um perfeito equilíbrio entre trabalho e vida pessoal. No entanto, sua visão geral e filosofia sempre foram voltadas para a importância da família e do equilíbrio entre as diferentes esferas da vida.

Não se trata de ter uma vida perfeita, mas de buscar equilíbrio.

Agora, eu proponho um exercício para ajudar você a identificar e planejar ações que possa implementar em seu dia a dia, a fim de alcançar os resultados mais importantes. Vamos lá?

As sete saúdes do empresário

Para cada uma das "Sete Saúdes do Empresário", reflita sobre quais ações específicas você pode realizar a partir de agora. Lembre-se de que as ações que podem servir a uma pessoa podem não funcionar exatamente da mesma forma para você; por isso, leve em conta as suas próprias características e seus anseios.

1. SAÚDE ESPIRITUAL

    Dedique um tempo diário para meditar, orar ou praticar a gratidão. Participe de eventos da sua comunidade religiosa ou espiritual e se envolva em causas que se alinhem aos seus valores.

    Exemplo: praticar meditação e/ou oração por trinta minutos todas as manhãs.

AÇÕES
_____
_____
_____
_____
_____
_____

QUANDO COMEÇO
_____
_____
_____
_____
_____

RESULTADOS ESPERADOS
_____
_____
_____
_____
_____
_____

2. SAÚDE FÍSICA
Estabeleça uma rotina regular de exercícios e mantenha uma alimentação equilibrada. Lembre-se de fazer pausas durante o trabalho para se alongar e se movimentar.

Exemplo: caminhar trinta minutos todos os dias e fazer pausas a cada hora para se alongar.

AÇÕES
_____
_____
_____
_____
_____

QUANDO COMEÇO

_____
_____
_____
_____
_____
_____

RESULTADOS ESPERADOS

_____
_____
_____
_____
_____
_____

3. SAÚDE EMOCIONAL

Cultive relacionamentos saudáveis e significativos. Comunique-se abertamente com amigos e familiares, e busque apoio emocional quando necessário.

Exemplo: marcar um encontro semanal com amigos próximos para compartilhar experiências e emoções.

AÇÕES

_____
_____
_____
_____
_____
_____

QUANDO COMEÇO

_____
_____
_____
_____
_____
_____

RESULTADOS ESPERADOS

_____
_____
_____
_____
_____
_____

4. SAÚDE FAMILIAR
Continue aprendendo e se desenvolvendo em sua área de atuação, mas também explore novos interesses e habilidades.

Exemplo: inscrever-se em um curso online para aprender uma nova habilidade ou aprimorar seus conhecimentos em sua área de negócios.

AÇÕES

_____
_____
_____
_____
_____

QUANDO COMEÇO

_____
_____
_____
_____
_____
_____

RESULTADOS ESPERADOS

_____
_____
_____
_____
_____
_____

5. SAÚDE SOCIAL

Conecte-se com outros empresários, mentores e conselheiros. Faça parte de grupos de networking e de eventos da indústria para aprender com os outros e compartilhar suas experiências.

Exemplo: participar de uma conferência de negócios anual e se inscrever em um grupo local de mastermind.

AÇÕES

_____
_____
_____
_____
_____
_____

QUANDO COMEÇO

_____
_____
_____
_____
_____
_____

RESULTADOS ESPERADOS

_____
_____
_____
_____
_____
_____
_____

6. SAÚDE EMPRESARIAL
Implemente práticas sustentáveis em sua vida e em seus negócios. Faça escolhas conscientes para reduzir o impacto ambiental e apoiar causas ecológicas.

Exemplo: implementar políticas de reciclagem e redução de resíduos no escritório e apoiar uma organização ambiental local.

AÇÕES

_____
_____
_____
_____
_____
_____

QUANDO COMEÇO

_____
_____
_____
_____
_____
_____

RESULTADOS ESPERADOS

_____
_____
_____
_____
_____
_____

7. SAÚDE FINANCEIRA

Estabeleça metas financeiras claras e monitore regularmente o progresso de suas finanças pessoais e de sua empresa. Consulte um planejador financeiro, caso necessário.

Exemplo: criar um orçamento mensal e revisá-lo regularmente para garantir que você esteja cumprindo suas metas financeiras.

AÇÕES

_____
_____
_____
_____
_____
_____

QUANDO COMEÇO

_____
_____
_____
_____
_____
_____

RESULTADOS ESPERADOS

_____
_____
_____
_____
_____
_____

Depois de identificar e escrever as ações que você pode realizar para equilibrar as sete saúdes, comprometa-se a colocá-las em prática e acompanhe seu progresso ao longo do tempo. Lembre-se de que o equilíbrio é um processo contínuo e que mudanças relevantes podem levar algum tempo para se manifestar. Seja paciente consigo mesmo e celebre as suas conquistas ao longo do caminho.

A EXCELÊNCIA NÃO É UM ATO, E SIM UM HÁBITO

A frase acima é atribuída a Aristóteles, filósofo grego e um dos mais importantes pensadores da história ocidental. Essa citação é uma versão simplificada e moderna de suas ideias, cujo conceito é o de que a excelência moral e intelectual pode ser alcançada por meio da prática repetida e do desenvolvimento de virtudes, tornando-se assim um hábito.

Eu tenho certeza de que criar um futuro mais brilhante e próspero, com liberdade empresarial e saúde, só depende de uma decisão consciente e de determinação.

Neste capítulo, começaremos a explorar o primeiro dos cinco princípios fundamentais para alcançar a liberdade empresarial. Ao abraçar e integrar cada um deles em sua jornada, você pavimentará o caminho para o sucesso sustentável e a realização de sua visão empresarial.

A MENTALIDADE DE UM EMPRESÁRIO ESTRATÉGICO

Para deixar para trás a condição de *empresidiário* e conquistar a liberdade empresarial, o primeiro passo é mudar sua mentalidade. Você nunca terá crescimento nos negócios com liberdade enquanto estiver preso à mentalidade fixa de um operário. Mentalidade (em inglês, mindset) é a maneira como encaramos e interpretamos o mundo ao nosso redor. Compreender e desenvolver o mindset certo é crucial para o sucesso dos negócios. Portanto, é hora de fazer a transição de uma mentalidade limitante para uma mentalidade vitoriosa.

No contexto empresarial, dois tipos de mindset são especialmente conhecidos: o mindset fixo e o mindset de crescimento. Esses conceitos foram introduzidos pela psicóloga Carol Dweck em seu livro *Mindset: A nova psicologia do sucesso*. De acordo com a autora, o mindset fixo é a crença de que habilidades e talentos são inatos e imutáveis. O que isso quer dizer? Que empresários com essa mentalidade acreditam que suas habilidades e seus talentos não podem evoluir. Eles tendem a evitar desafios, pois temem o fracasso e consideram que isso será capaz de refletir negativamente em seu valor como pessoa. Por outro lado, Dweck destaca que o mindset de crescimento é a crença de que habilidades e talentos podem ser desenvolvidos e aprimorados por meio

PRINCÍPIO 1: MENTALIDADE EMPRESARIAL ESTRATÉGICA

4

Adquirir consciência empresarial e expandir a percepção sobre as programações limitantes de operário é o passo mais importante para a jornada de liberdade empresarial.

do esforço, da prática e do aprendizado contínuo. Empresários com esse tipo de mentalidade, afirma a autora, encaram desafios como oportunidades para crescer e aprender. Eles entendem que o fracasso é uma parte natural do processo e usam essas experiências para se aperfeiçoar e progredir.

MENTALIDADE EMPRESARIAL FIXA

Do ponto de vista prático, a mentalidade fixa limita diretamente o crescimento e o desenvolvimento empresarial, uma vez que esse tipo de pessoa não assume a responsabilidade pelos resultados do seu negócio; ao contrário, ela busca desculpas e justificativas em fatores externos, como economia, política, concorrência etc. Isso limita diretamente a busca por oportunidades para aprender e melhorar. Quem está preso ao mindset fixo acredita que o sucesso é uma consequência do talento inato, e não do próprio trabalho. É praticamente impossível que empresários com essa mentalidade alcancem a liberdade empresarial.

Esse empresário costuma evitar, por exemplo, investimentos em si próprio ou em novas tecnologias e inovações, pois de alguma forma se acomodou com o estágio atual do seu negócio. Ele também pode relutar em delegar tarefas, acreditando ser capaz de realizar sozinho a maioria delas. O mindset fixo é o mindset do *empresidiário*.

Vou dar um exemplo prático para que você compreenda bem. Digamos que Jorge, dono de uma concessionária de automóveis, está constantemente reclamando do mercado e dos concorrentes. Ele pode estar preso a uma estratégia antiga e não se mostrar disposto a adotar novas abordagens ou tecnologias. Ele pode não estar investindo em marketing digital ou na presença da concessionária na internet, o que pode limitar a capacidade da empresa de alcançar novos clientes. Além disso, pode estar preso a um modelo de vendas ultrapassado e que não atende às necessidades dos clientes modernos, pode demonstrar resistência em mudar, pois cultiva o pensamento de que sempre funcionou desse jeito, e acaba não encontrando disposição para fazer diferente. Esse empresário pode estar evitando investir em treinamentos para a equipe, já que em outras situações ele investiu em treinamentos, mas os colaboradores acabaram indo para o concorrente. Ele também pode ser relutante em delegar tarefas, acreditando que de alguma forma é o mais capaz para fazer as coisas na concessionária de modo eficaz. Com o passar do tempo, esse tipo de empresário vai se aprisionando e permanece ainda mais na mentalidade fixa.

MENTALIDADE EMPRESARIAL DE CRESCIMENTO

O mindset de crescimento baseia-se na crença de que habilidades e talentos podem ser desenvolvidos e aprimorados ao longo do tempo. Esse tipo de empresário assume total responsabilidade sobre seus negócios e sua vida. Além disso, encara os desafios como oportunidades de aprendizado. Assim, também persevera diante das adversidades e entende que o esforço é o caminho para alcançar a excelência. Ele enxerga o sucesso como resultado da dedicação e do trabalho duro, em vez de contar apenas com seu próprio talento ou sua aptidão. Essa mentalidade permite maior adaptabilidade e flexibilidade, bem como criar motivação para buscar melhorias contínuas. Esse empresário demonstra disposição para investir em inovações e explorar novas oportunidades, mesmo que isso envolva algum risco. Ele também se sente seguro em delegar responsabilidades e em encorajar o desenvolvimento de habilidades em seu time, promovendo um ambiente de colaboração e de aprendizado. A mentalidade de crescimento é a mentalidade da liberdade empresarial!

Acredite: o tipo de mentalidade que você cultiva define diretamente seu comportamento, e seu comportamento vai determinar diretamente os resultados que você colhe na sua empresa e na sua vida!

A empresa é reflexo da mentalidade do seu dono.

Na prática, para nós, empresários, essa expansão e transição de mentalidade deve ser prioridade no processo de formação e desenvolvimento. Psicologicamente, é como se lutássemos em uma batalha invisível, pois a maioria de nós, inconscientemente, foi programada para ser um operário assalariado em vez de um empresário estratégico.

VOCÊ FOI PROGRAMADO PARA SER OPERÁRIO

Durante muito tempo, a sociedade e o sistema educacional treinaram as pessoas para desempenhar funções de operários. Esse fenômeno tem suas raízes na Revolução Industrial, quando houve uma crescente demanda por mão de obra especializada para atuar nas fábricas. A educação formal, então, passou a focar no desenvolvimento de habilidades técnicas e específicas, preparando os indivíduos para ocupar cargos operacionais em empresas já estabelecidas.

A abordagem educacional que prioriza o trabalho operacional perpetuou-se ao longo das décadas e ainda hoje condiciona a maioria das pessoas a buscar segurança e pseudoestabilidade nos empregos convencionais. Mesmo em fases educacionais mais avançadas, como no caso da formação acadêmica, o cenário não é diferente. Os professores que ensinam sobre administração de empresas, por exemplo, em sua maioria nunca administraram uma empresa e não são empresários de fato. Além disso, toda a grade curricular de uma faculdade em geral tem como objetivo formar empregados, e não empresários. Como resultado, somos educacionalmente programados para sermos operários, e não empreendedores.

Além da influência da programação educacional voltada para o trabalho operário, muitos dos nossos comportamentos e resultados são influenciados pela nossa programação emocional. Isso ocorre porque grande parte dos empresários teve sua formação emocional moldada pelas referências de seus pais, que não eram empresários e viviam em lares cuja realidade profissional era centrada em empregos, salários e, por vezes, insatisfação com seus empregos e chefes. Infelizmente, também somos limitados diariamente por uma cultura que valoriza o trabalho operário, evidente no nosso país. Nossas lideranças políticas, por exemplo, em sua maioria, nunca atuaram nos bastidores de uma empresa de verdade. Nossas leis, por exemplo, aquelas que regem a justiça trabalhista, são aplicadas por juízes que nunca foram empresários e, em muitos casos, acabam por favorecer mais o empregado do que se deveria. Vivemos em um país onde o governo infantiliza os trabalhadores e, por vezes, prega a tirania dos empresários. É triste constatar que somos culturalmente programados para sermos operários, e definitivamente o Brasil não é um país fácil para empreender.

Imagine um indivíduo que foi programado a vida toda para ser um operário. Em algum momento, ele decide abrir uma empresa, movido pelo sonho do sucesso nos negócios. Inconscientemente, ele ainda está preso à mentalidade de funcionário. Adivinhe só como será essa trajetória. Na maioria dos casos, o caminho é previsível: o sonho do empresário se transforma no pesadelo do *empresidiário*. Por isso, o maior desafio dos empresários brasileiros, na minha opinião, é libertar-se da mentalidade de empregado e da mentalidade operacional e adotar um mindset estratégico e empresarial.

OS NÍVEIS DE ATUAÇÃO

Em todas as empresas existem três níveis de atuação para um empresário. Quando não entendemos os objetivos e a maneira correta de atuar em cada um deles, somos naturalmente aprisionados pelo operacional. Vamos aqui entender cada um dos níveis e em seguida trilhar um caminho inteligente para atuar no lugar certo, da forma certa, e assim gerar os resultados de crescimento.

Nível operacional
A área operacional é a base do funcionamento da empresa, onde os processos devem ser bem definidos, os colaboradores devem ser treinados para executá-los, e os supervisores precisam acompanhar e validar a entrega dos resultados.

Nível tático
Na área tática, a gestão da empresa deve definir metas claras, traçar o plano de ação para alcançá-las e monitorar os indicadores de desempenho para garantir que está no caminho certo. Os gerentes e coordenadores são responsáveis pela atuação gerencial.

Nível estratégico
Na área estratégica, o foco é a formação das lideranças executivas da empresa, o planejamento estratégico e o plano orçamentário, a fim de garantir a lucratividade crescente. É importante construir e fortalecer uma cultura de resultados para garantir um futuro próspero para a empresa.

Em uma metáfora, pense em um automóvel. O nível operacional é o carro, que precisa ser potente, bonito, rápido e ter tecnologia de ponta. Já o nível tático é o motorista, ou seja, seu líder tático, que deve dirigir conforme as normas e os padrões da sua organização. Já o nível estratégico é o GPS, representado pelo empresário, aquele que vai determinar o destino, que vai dar a direção, que vai definir a rota e decidir se precisa corrigi-la durante o percurso. Nessa metáfora, o GPS representa a menor parte, mas certamente é a mais importante. Afinal, de que adiantaria um carro forte e veloz sendo conduzido pelo motorista na direção errada?

Você, empresário, é o GPS dos seus negócios!

O CAMINHO PARA O NÍVEL ESTRATÉGICO

Importante ressaltar que você não vai sair do operacional e ir para o estratégico só pela força de vontade. Não se trata de motivação, e sim de construção.

Passo 1: processos

Eu nunca fiz um bolo na vida, mas quem já preparou um pode me dizer se, ao seguir rigorosamente a receita, com a quantidade correta de ingredientes e o tempo adequado no forno, eu conseguiria fazer um bolo. Tenho certeza de que ele sairia direito, não em razão da minha habilidade culinária ou experiência em fazer bolos, mas por causa da receita e do processo.

A grande questão é que a maioria dos empresários conta apenas com o talento dos colaboradores e suas capacidades, sem se preocupar com o "modo de preparo" da receita que eles devem seguir. Teoricamente, as pessoas deveriam desempenhar as funções pelas quais estão sendo pagas por conta própria, mas na prática não é assim que acontece. Elas cumprirão as tarefas corretamente dependendo do processo que você transmitir a elas por meio da sua liderança.

A parte essencial nessa etapa é investir tempo identificando e descrevendo os processos mais importantes para o funcionamento da sua empresa. É desejável contratar alguém que possa ajudar você a fazer isso adequadamente. Quando eu aprendi isso, não tinha condições de contratar uma consultoria especializada, então comecei sozinho a identificar os processos mais importantes e depois os descrevi por conta própria. Com o tempo, aprendi sobre os processos operacionais padrão, os gerenciadores de processos e outros aspectos relevantes. Consegui, assim, aprimorá-los.

É fundamental criar a "receita do bolo" da sua empresa, ou melhor, os processos internos do seu negócio.

Passo 2: colaboradores operacionais

Além dos processos escritos, é fundamental contar com colaboradores qualificados e eficientes para executá-los. Muitos empresários têm dificuldade em encontrar mão de obra qualificada, mas, na prática, o que eles precisam é de bons processos para que pessoas comuns possam realizar um excelente trabalho. É necessário treinar os colaboradores nos processos, conferir a qualidade do trabalho deles e buscar pessoas com o perfil adequado para executar essas tarefas. Ter um operacional sólido e focado em processos bem desenvolvidos é essencial para que o empresário possa sair do trabalho operacional e focar a área estratégica do negócio, contribuindo para seu sucesso. É como seguir uma receita de bolo: não é preciso ter chefs extraordinários, e sim colaboradores capazes de seguir as instruções corretamente.

Passo 3: supervisores operacionais

Alguns empresários ficam presos na operação, atuando como supervisores operacionais da própria empresa, precisando checar tudo o tempo todo. Ao investir na criação de processos e no treinamento de pessoas, é possível identificar alguém do time capaz de supervisionar esses processos. Isso é importante, pois, enquanto o empresário gasta seu tempo conferindo se o processo está funcionando, quem está construindo a estratégia e trabalhando no crescimento? Identificar supervisores que possam monitorar as operações permite que o empresário foque ações mais importantes. Essa transição pode levar tempo, mas é essencial desenhar os processos-chave mais importantes para facilitar esse movimento. Em resumo, depois de construir os processos, o segundo passo é treinar as pessoas e o terceiro é desenvolver lideranças operacionais para garantir que os processos sejam executados corretamente.

Passo 4: atuando no tático

Se você já mapeou os principais processos do seu negócio, conta com colaboradores treinados e supervisores acompanhando a entrega e a qualidade da operação, agora você é o tático da sua empresa. Nesta etapa, você investe a maior parte do seu tempo gerenciando a empresa, que, consequentemente, cresce de maneira significativa. Você estabelece metas de forma mais assertiva, constrói planos de ação eficazes para a entrega dessas metas e os delega para sua operação com mais segurança. Aqui você tem tempo para liderar seus supervisores e garantir que eles sigam os planos e entreguem os resultados. Como tático, você identifica e define indicadores de desempenho que ajudam a avançar na direção mais segura para o seu negócio. Às vezes você pode precisar ir ao operacional, mas não fica mais refém dele, pois agora sabe que, de tempos em tempos, precisa atualizar os processos, embora não faça isso sozinho. Agora você cuida disso com seus supervisores, investindo tempo, energia e dinheiro em treiná-los e desenvolvê-los. Nessa etapa, você lidera sua empresa atuando no tático. O próximo passo é o mais importante dessa jornada.

Passo 5: atuando no estratégico

Agora que você já tem os principais processos definidos, pessoas treinadas e supervisores, faz a gestão da sua empresa por meio de metas, planos de ação e indicadores, lidera, treina e desenvolve seus líderes operacionais e colhe resultados expressivos, o próximo passo é identificar e formar líderes táticos. Assim como você identificou seus supervisores, é hora de levantar seus gerentes, aqueles que vão liderar seu negócio por meio de metas e planejamentos. É hora de pensar estrategicamente nas áreas da empresa e identificar os gerentes que vão cuidar de cada uma delas. Você pode ter um gerente para o corporativo, a área organizacional da empresa, onde podem estar alocados os departamentos financeiro, administrativo, recursos humanos, departamento pessoal, contabilidade, entre outros. Outro gerente pode liderar a área de crescimento, onde podem estar os setores de marketing, vendas, sucesso do cliente, entre outros, ou seja, os departamentos, cargos e as pessoas que vão trabalhar exclusivamente para entregar as metas de crescimento da empresa. Outro gerente pode liderar a área de operações, responsável por garantir que o cliente receba com qualidade o produto ou serviço que foi comprado.

É importante ressaltar que esse processo de formação de gerentes não deve acontecer do dia para a noite. É recomendável que você contrate ou promova um de cada vez, para poder formar cada um deles com a qualidade e segurança necessárias. Esse é um caminho importante e não precisa ser rápido, apenas sólido e eficaz.

No nível estratégico, além de investir recursos na formação de líderes táticos, o empresário começa a construir o futuro da empresa por meio de um planejamento estratégico e de um plano orçamentário que garantam resultados de lucro e viabilidade a longo prazo. Com a estrutura organizacional e a equipe adequadas, o empresário pode dedicar tempo e energia ao crescimento e expansão do negócio, tornando-se um verdadeiro gerador de valor para a empresa e assegurando sua perpetuação no mercado. A cultura de resultados também é crucial nessa etapa, e será abordada com maior profundidade mais adiante.

O papel do empresário estratégico é garantir que sua empresa aumente de valor a cada dia. Para avaliar isso, a pergunta mágica que deve ser feita é: quanto a mais minha empresa vale pelo simples fato de eu ter trabalhado hoje?

Com a trilha definida para construir sua empresa de forma estruturada nos níveis operacional, tático e estratégico, é hora de colocar essa construção em prática. A seguir, apresento exemplos de atuação prática em cada uma dessas áreas:

EMPRESÁRIO OPERÁRIO – *EMPRESIDIÁRIO*	EMPRESÁRIO ESTRATÉGICO
Trabalha no negócio	Lidera o negócio
Foca o trabalho	Foca os resultados
Atua trabalhando na operação	Atua crescendo no estratégico
Tem um grupo de trabalho	Controle e lidera um time
Recebe pró-labore (às vezes)	Constrói riqueza liberdade financeira
Vende produtos (às vezes)	Tem uma estratégia previsível de vendas
Tem um autoemprego	Tem uma organização bem estruturada
Serve cafezinho no operacional	Pilota sua empresa no estratégico

Agora você já tem um nível muito relevante de consciência empresarial. Adquirir essa consciência empresarial e expandir a percepção sobre as programações limitantes de operário é o passo mais importante para a jornada de liberdade empresarial. Parabéns: nesse quesito, você já está à frente da maior parte dos empresários. Agora, para fechar o nosso capítulo, vamos juntos estabelecer algumas programações empresariais estratégicas.

BORA PRA AÇÃO?

Vamos expandir e potencializar ainda mais esse mindset empresarial. Faremos isso por meio de um conjunto de reprogramações empresariais. Cada uma delas é uma declaração poderosa. Recomendo que você as repita em voz alta várias vezes, registrando neurologicamente e tomando posse dessa identidade empresarial:

1. Eu, _____, sou um empresário estratégico e trabalho no planejamento estratégico para garantir um futuro próspero para minha empresa!

2. Eu, _____, sou um empresário estratégico e estou focado na formação dos líderes que vão construir o futuro da minha empresa!

3. Eu, _____, sou um empresário estratégico, lidero meu plano orçamentário e mantenho minha empresa lucrativa e sustentável!

4. Eu, _____, sou um empresário estratégico e estou cultivando uma mentalidade de liderança que inspira, motiva e guia minha equipe em direção à nossa visão compartilhada!

5. Eu, _____, sou um empresário estratégico e trabalho no crescimento do futuro da minha empresa, investindo em novas tecnologias e desenvolvendo novos produtos e serviços!

6. Eu, _____, sou um empresário estratégico e estou investindo tempo e recursos no desenvolvimento pessoal e profissional para aprimorar minhas habilidades de liderança e gestão!

7. Eu, _____, sou um empresário estratégico e estou promovendo uma cultura organizacional positiva e inclusiva, que valoriza a diversidade e o engajamento de todos os membros da equipe!

8. Eu, _____, sou um empresário estratégico e estou me dedicando a entender as tendências e mudanças do mercado para manter minha empresa competitiva e relevante!

9. Eu, _____, sou um empresário estratégico e formo uma empresa com processos poderosos, buscando sempre a eficiência e a qualidade em todas as áreas do negócio!

10. Eu, _____, sou um empresário estratégico e estou constantemente buscando oportunidades de crescimento e inovação para levar minha empresa para um próximo nível!

Minha sugestão é que você repita diariamente em voz alta cada uma dessas declarações, pois sabemos que o processo de repetição é uma matriz de geração de crenças.

Toda essa consciência que você adquiriu até aqui vai proporcionar, cultivar e expandir sua mentalidade estratégica de crescimento. Você tem nas mãos uma trilha com os cinco passos para sair do operacional e atuar de forma prática no estratégico da sua empresa. Você também pode contar agora com um conjunto de dez reprogramações mentais estratégicas que vão projetar o crescimento sustentável do seu negócio e uma vida de liberdade.

Agora, vamos canalizar tudo isso para que você seja definitivamente um líder empresário.

PRINCÍPIO 2:
LÍDER EMPRESÁRIO

Em uma empresa, o maestro atende pelo nome de líder empresário! E o que significa essa liderança? É a habilidade de gerar resultados por meio das pessoas!

Qual é a sua profissão? Essa é uma pergunta que, com certeza, você já deve ter escutado e feito diversas vezes. Geralmente, a resposta está associada ao curso superior que a pessoa frequentou ou a uma determinada experiência em um ramo de atuação específico. No entanto, na prática, a formação acadêmica ou uma experiência específica em uma atividade não determina, por si, a sua profissão. Isso é especialmente verdadeiro para um empresário, cuja profissão não é definida por uma formação acadêmica ou uma experiência específica.

Certa vez, tive em uma de minhas imersões um empresário muito querido que era proprietário de duas escolas de inglês. Ele tinha um produto excelente, uma metodologia própria e professores bastante qualificados. No entanto, apesar da sua formação em ensino e da sua vasta experiência como professor de inglês, ele atuava como operário em suas próprias escolas e acumulava várias funções operacionais. Esse empresário, inclusive, dava aulas em vários períodos. Naturalmente, sua empresa não crescia e os resultados eram bem precários.

Um dia, ao se apresentar para o nosso grupo de mentoria, ele disse: *"Prazer, meu nome é fulano e eu sou professor de inglês"*. Gentilmente, eu o interrompi e perguntei: *"Fulano, quantos professores de inglês você conhece que são milionários?"*. Ele admitiu que não conhecia nenhum. Então, perguntei: *"Quantos empresários do ramo educacional de idiomas você conhece que são milionários?"*. Ele respondeu que havia alguns. Fiz ainda outra pergunta: *"Você acredita que vai alcançar e ajudar mais alunos como um professor de inglês operacional ou como um empresário do ramo de idiomas atuando no estratégico?"*. De repente, ele deu um grito, dizendo: *"AGORA EU ENTENDI TUDO!"*. Esse empresário compreendeu que poderia continuar amando lecionar, mas que na prática a profissão de empresário era aquela que de fato o levaria ao crescimento dos negócios com a liberdade que desejava. Além disso, ele poderia ajudar mais pessoas.

E você, qual é a sua profissão?

O artigo 966 do Código Civil brasileiro define um empresário como aquele que exerce profissionalmente uma atividade econômica organizada, focada na produção ou circulação de bens ou serviços. É exatamente isso que devemos almejar: construir e liderar uma organização, uma pessoa jurídica sólida, que cresce de maneira sustentável e nos proporciona a liberdade empresarial.

Então, mesmo que você tenha estudado administração em Harvard e tenha experiência técnica em alguma área, ainda assim precisará somar novas habilidades e buscar as pessoas certas para ajudar no crescimento do seu negócio. Sabe por quê? Se o sucesso de um negócio fosse definido apenas pelo conhecimento técnico do dono, seria necessário que ele cursasse diversas faculdades, como contabilidade, administração, finanças, RH, departamento pessoal, publicidade e marketing, por exemplo, e mesmo toda essa qualificação acadêmica não seria suficiente para garantir o sucesso empresarial. O verdadeiro poder está em reconhecer que você não precisa entender tecnicamente de tudo isso, mas sim ser capaz de liderar as pessoas que vão fazer essas áreas prosperarem, como faz um maestro diante de sua orquestra – ele lidera!

Em uma empresa, o maestro atende pelo nome de líder empresário! E o que significa essa liderança? É a habilidade de gerar resultados por meio das pessoas! O empresário profissional é aquele que desenvolve as habilidades para liderar e gerar resultados por intermédio de seus times.

Na prática, é esse conjunto de habilidades em liderança que nos habilita a dirigir nossas empresas e alcançar os resultados desejados. Agora, pense comigo: e se fosse necessário você passar por provas, teórica e prática, que pudessem avaliar suas habilidades empresariais, e somente após essa aprovação você pudesse conquistar a "Carteira Nacional de Habilitação Empresarial", será que hoje você estaria apto e habilitado para dirigir a sua empresa? Essa é a pergunta que devemos nos fazer constantemente, lembrando sempre que na prática o nosso documento de habilitação empresarial é a liderança exercida no dia a dia das nossas empresas, assim como o "diploma do empresário" será o resultado obtido no fim de cada mês, fruto da nossa atuação como líderes empresariais.

Portanto, a partir de agora, sempre que alguém perguntar qual é a sua profissão, responda prontamente: "Eu sou empresário".

Você não precisa saber todas as coisas; precisa saber o suficiente para liderar todas as coisas.

A LIDERANÇA EMPRESARIAL

A liderança empresarial é, sem dúvida, um fator determinante para obter a liberdade empresarial. Sabemos que a liderança não tem relação direta com a posição hierárquica que você ocupa na empresa, e sim com a influência que exerce sobre as pessoas e os resultados que são entregues. Ter o seu nome no contrato social não garante a liderança da sua empresa, por isso ela vai muito além de ocupar uma função ou do simples gerenciamento de departamentos.

O líder empresarial é aquele que conquista o direito de liderar. Ele tem uma mente orientada para resultados e se mantém focado na missão de construir um time que vai alavancar os resultados da empresa.

Nem todos os líderes são empresários, mas todos os empresários devem se transformar nos líderes de suas empresas.

Muitos acreditam que a liderança é um dom, mas na verdade a liderança é uma competência que pode ser desenvolvida.

O líder empresarial sabe que os limites dos seus resultados sempre serão definidos pelos limites da sua liderança.

GRAVE ESTA FRASE
Se você deseja alcançar melhores resultados, precisa aumentar sua capacidade de liderança!

John C. Maxwell, autor do livro *As 21 irrefutáveis leis da liderança*, explica que os resultados de um empresário dependem de dois fatores: sua dedicação ao trabalho somada à sua capacidade de liderança. Observe os três exemplos a seguir:

1. TRABALHO NÍVEL 8 E LIDERANÇA NÍVEL 1

    Um empresário trabalha oito horas em média por dia, mas sua capacidade de liderança está no nível 1. Ele é dedicado ao trabalho, mas, em sua trajetória, não desenvolveu capacidades relacionadas ao engajamento do seu time e à entrega de resultados. Por mais que ele trabalhe no nível 8, seus resultados serão limitados à sua atuação no nível 1 de liderança.

2. TRABALHO NÍVEL 10 E LIDERANÇA NÍVEL 2

    Um empresário decide ter mais resultados e fazer a sua empresa crescer, e ele acredita que o caminho está em trabalhar mais. Nesse caso, sua dedicação ao trabalho é maior, nível 10. Ele trabalha além dos demais e se esforça acima da média, mas ainda não percebeu a importância de desenvolver suas habilidades de liderança. Nesse caso, seu nível de liderança é apenas 2. Apesar de trabalhar dez horas por dia ou do quanto ele seja capaz de se esforçar, seus resultados médios serão limitados a 2, pois a capacidade de liderança sempre vai limitar seus resultados, independentemente de quantas horas ele trabalhe todos os dias.

3. TRABALHO NÍVEL 8 E LIDERANÇA NÍVEL 7
   Agora imagine que você é esse empresário. Você trabalha de forma produtiva oito horas em média por dia, mas já tem como objetivo uma vida de liberdade empresarial, tem mentalidade estratégica e atua no crescimento da empresa. Você vai dominar os cinco princípios para a liberdade empresarial do nosso livro e naturalmente adotar um estilo de vida de melhoria contínua. Com isso, vai levar sua liderança para o nível 7, ou seja, seus resultados empresariais de crescimento serão uma consequência direta da sua liderança no nível 7.

Você não cresce de acordo com quantas horas trabalha. Você cresce de acordo com o nível da liderança que exerce.

A liderança é o fator de crescimento, o multiplicador e o elemento que fará toda a diferença na sua história e na sua empresa. No entanto, é importante ressaltar que não aprendemos isso na faculdade. Nossa família ou cultura não costumam nos preparar para sermos líderes. Mas, em uma trajetória empresarial, liderança não é uma opção, é uma obrigação. Não é questão de escolha, é questão de sobrevivência empresarial.

Lembre-se: a equipe é reflexo direto do líder. Mão de obra qualificada não trabalha com líderes desqualificados. Você tem exatamente o tipo de funcionário que sua capacidade de liderança atrai para a sua empresa.

CADA EMPRESÁRIO TEM A EQUIPE QUE MERECE

Pergunte a si mesmo: você está liderando sua empresa para o crescimento ou está servindo cafezinho no operacional? Será que você está trabalhando sem parar, cumprindo tarefas que poderiam ser delegadas para outras pessoas? É impossível ter liberdade empresarial se você não for capaz de fazer sua equipe funcionar sem depender da sua presença. A sua liderança precisa ser mais forte do que a sua presença. Se tudo na sua empresa depender diretamente de você, o grande limitador do crescimento será você. Muitas empresas poderiam estar voando alto e crescendo de forma sustentável, mas isso não acontece quando seus líderes estão ocupando a posição errada.

Digamos que de alguma forma você conseguiu umas tão sonhadas férias. Você tirou trinta dias e decidiu viajar para um lugar paradisíaco com a família. Imagine a si mesmo embarcando naquele avião grande e se acomodando na classe executiva, assim como merece. Seus filhos estão se comportando bem como nunca, a mãe deles está sentada ao seu lado, e você está muito feliz e grato por essa viagem. Aproximadamente trinta minutos após a decolagem, tem início o serviço de bordo, e você fica muito satisfeito com todo o atendimento. O que mais o impressiona é que o próprio piloto daquele avião apareceu para servir o café. Nunca antes você tinha experimentado um serviço tão exclusivo. Alguns minutos depois, por meio dos alto-falantes do avião, ouve-se a seguinte mensagem: "Atenção, senhores passageiros, afivelem os cintos. Vamos passar por uma área de instabilidade". Tranquilamente, você se certifica de que todos os membros da sua família estão com os cintos afivelados, enquanto cuida de apertar o seu. No entanto, a turbulência foi um pouco mais intensa do que o normal. O avião balança e treme muito. De repente, as máscaras de oxigênio caem e todos os passageiros começam a gritar. Nesse momento, o piloto larga a bandeja de café e sai correndo em direção à cabine de comando. O avião parece voar de forma desgovernada. Quando o piloto alcança a porta da cabine, percebe que ela está emperrada. Ele tenta abrir e bate na porta com força, mas não consegue. Nesse ponto, a tripulação e os passageiros gritam e se desesperam com a situação.

Agora eu tenho uma pergunta: como você se sentiria dentro desse avião com a sua família?

Vou responder: da mesma forma que seus clientes se sentem quando, em vez de estar pilotando o avião da sua empresa, você está servindo cafezinho no operacional. Você se sente do mesmo jeito que seus colaboradores quando, em vez de estar liderando no posto de comando, você está fazendo um monte de tarefas que muitas vezes não geram o valor de que a sua equipe precisa!

Muitas empresas não estão conseguindo alçar voo como o esperado, pois seus líderes, os empresários, estão ocupando posições que não deveriam. Muitas empresas despencam porque o empresário não está pilotando, e sim servindo cafezinho. Se você não está liderando (pilotando) a sua empresa, quem está? Um empresário que não lidera acaba colocando em risco todos aqueles que estão a bordo.

Ao longo da minha trajetória, formei dezenas de times e ajudei literalmente centenas de empresários a formarem suas próprias equipes. Durante essa jornada, consegui identificar as quatro grandes responsabilidades de um líder empresarial.

AS QUATRO GRANDES RESPONSABILIDADES DE UM LÍDER EMPRESARIAL

Primeira grande responsabilidade: formar seu time

Dizer que é responsabilidade do empresário formar seu time pode parecer óbvio, mas, na prática, formar um time é diferente de contratar ou de simplesmente ter funcionários na empresa.

A maioria dos empresários tem apenas um grupo de trabalho, e não um time de verdade. Existem duas perguntas estratégicas que um empresário líder deve fazer ao montar seu time.

Primeira pergunta estratégica: Quem são as pessoas que de fato vão construir o futuro da minha empresa? Pare de contratar pessoas com capacidade para resolver algo temporário e comece a contratar pessoas com competência para construir o futuro da sua empresa junto com você. Muitos empresários atraem pessoas que vão apenas apoiar. Um empresário deve formar um time que faça as coisas acontecerem na empresa, e não que apenas o ajude enquanto ele faz acontecer. É preciso mudar essa atitude. Devemos selecionar as pessoas verdadeiramente. Selecionar consiste em escolher os melhores para um objetivo. Escolher as pessoas alinhadas com as responsabilidades da função, pessoas competentes de verdade, pessoas que vão entregar os resultados, pessoas que acrescentem à sua empresa, pessoas que tenham a dose necessária de autonomia para resolver as coisas sem ficar dependendo de você. Faça valer o seu direito de escolha. Não contrate os menos piores, contrate os melhores.

Segunda pergunta estratégica: Quem são as pessoas que *não* vão construir o futuro da minha empresa comigo? A média da qualidade da sua empresa vai ser definida pela média de qualidade das pessoas do seu time. Foque a qualidade. O seu time será sempre um pouco melhor do que o seu pior colaborador. Toda corrente é tão forte quanto seu elo mais fraco. Assim, tão importante quanto selecionar as melhores pessoas é saber a hora de tirar aquelas que não estão mais correspondendo.

Não gaste seu tempo e sua energia com as pessoas que não estão pagando o preço junto com você. Não divida seu presente com colaboradores que não merecem estar no seu futuro. É claro que escolher pessoas para tirar da equipe nunca é agradável, não é bom fazer demissões, mas um líder empresarial faz aquilo que precisa ser feito. Nossa trajetória é marcada por decisões difíceis.

Além disso, a demissão é um ato de amor. O pior que você pode fazer por um colaborador é permitir que ele se mantenha exercendo uma função na sua empresa de forma medíocre e sem entrega.

Eu não acredito em pessoas incompetentes, acredito em pessoas na posição errada fazendo o trabalho errado ou talvez na empresa errada. É possível que um colaborador que não está fazendo um bom trabalho na sua empresa tenha um bom desempenho em outro lugar ou em outra função. Cabe ao empresário assumir a responsabilidade de identificar as melhores posições para os colaboradores, mesmo que essa posição esteja fora do seu quadro de colaboradores. Demitir uma pessoa que não está fazendo um bom trabalho é dar a chance de encontrar algo que faça mais sentido para ela, a oportunidade de encontrar algo no qual ela realmente poderá se destacar.

Uma dica prática é a contratação de um RH. Muitos empreendedores acabam deixando para pensar nisso quando a empresa está chegando perto dos trinta colaboradores. Esse foi o meu caso. Se eu pudesse voltar no tempo, talvez um analista de RH, ou pelo menos um assistente, seria uma das primeiras funções que eu teria contratado. Tenha na sua equipe o mais rápido possível um departamento ou pelo menos uma pessoa para ajudá-lo a construir o seu time.

Segunda grande responsabilidade: transmitir a visão

Acredito que a única coisa que é indelegável em uma empresa seja a visão. O líder empresário é capaz de enxergar o futuro da empresa. É como se fosse algo espiritual. O empresário tem a capacidade de prever o futuro. Na maioria das vezes, não conseguimos explicar como isso acontece, simplesmente enxergamos.

Lembro-me de uma vez em que parei meu carro na frente de um ponto comercial na cidade de Jandira (SP). Procurávamos um imóvel para abrir mais uma escola profissionalizante. Eu estava na companhia da minha esposa e da minha sócia na época.

O ponto estava bem feio, a fachada caindo aos pedaços, as paredes sujas e pichadas. Era uma loja de ferragens fechada havia anos. Quando o corretor levantou aquela porta de aço e nos mostrou por dentro, a situação estava ainda pior: muito lixo, sem energia elétrica e o que sobrou da estrutura estava muito danificado. Minha esposa comentava com minha sócia que naquele lugar não daria nem para montar um boteco, quanto mais uma escola! Eu estava encantado com o ponto e já conseguia enxergar cada sala de aula montada. Via claramente onde ficariam a administração e as salas de vendas. Podia até mesmo imaginar os alunos entrando pela recepção e sendo atendidos pelo nosso time, que nem existia ainda. Muito empolgado, eu tentava mostrar a elas e ao corretor tudo que eu estava enxergando, mas não estava dando muito certo. Em resumo, depois de um pouco de negociação, fechei o contrato de aluguel daquele ponto. Eu mesmo desenhei o projeto inicial em um programa básico do computador. Pegamos a aprovação da arquiteta e começamos a reformar. Quatro meses depois estávamos inaugurando nossa terceira escola. Tudo estava lindo e exatamente como eu havia enxergado naquele primeiro dia.

Essa empresa foi um verdadeiro sucesso e fez uma grande diferença na nossa história. Isso funciona para identificar um bom ponto comercial, funciona para enxergar um negócio ou uma solução que não existe ainda. A visão, definitivamente, é algo poderoso. Contudo, o empresário precisa entender que a maioria das pessoas não vai enxergar as coisas do mesmo modo.

É nossa responsabilidade investir tempo e energia em transferir essa visão para nossos colaboradores. No próximo capítulo falarei a respeito de uma ferramenta muito poderosa para esse processo, mas deixo aqui o alerta: as pessoas não vão se engajar em um projeto que não consigam enxergar! Querer que seu time compre o seu futuro e os seus objetivos sem transferir essa visão é o mesmo que entrar num táxi e pedir que o motorista o leve a algum lugar sem dizer a ele qual será o destino. Quando a empresa ainda está pequena, fica mais fácil por causa da proximidade com os colaboradores. No entanto, quando ela cresce a tendência é que os colaboradores percam essa referência de futuro.

Algumas dicas práticas para ajudar você a transmitir a sua visão:

- Marque reuniões apenas para compartilhar com as pessoas do seu time qual é a sua visão de futuro e diga onde eles se encaixam nela.
- Invista tempo em almoços e reuniões individuais com pessoas-chave do seu time.
- Faça com que elas enxerguem o futuro da sua empresa junto com você.
- Escreva a sua visão, registre-a em um documento, imprima as partes da sua visão que sejam relevantes para todos e coloque-a nas paredes da sua empresa. O objetivo é que todos vejam o que você está enxergando e para onde todos estão indo.

Eu aprendi que liderança é a capacidade de colocar coragem na alma das pessoas, e não há maneira melhor de fazer isso do que dando visão a elas.

Terceira grande responsabilidade: gerar crescimento

Você nunca terá uma grande empresa se tiver um time com pessoas pequenas. Sim, devemos investir tempo, energia e dinheiro para atrair excelentes pessoas para formar nosso time, mas o desenvolvimento contínuo dessas pessoas é nossa responsabilidade como líderes empresariais. Quando nossa empresa começa a crescer, sofremos algumas dores de crescimento, mas as principais estão relacionadas ao nível de desenvolvimento dos nossos colaboradores e, principalmente, ao nível de maturidade e desenvolvimento da nossa liderança. Isso acontece porque, quando sua empresa sobe de nível, naturalmente as demandas aumentam na mesma proporção. Uma empresa que tem R$ 500 mil de faturamento tem desafios e responsabilidades diferentes dos de uma empresa que fatura R$ 5 milhões, e que naturalmente exigem responsabilidades e competências diferentes da equipe. Os desafios acontecem porque, na maioria das vezes, o faturamento e as necessidades da empresa aumentam mais rápido do que a maturidade e a capacidade de entrega do time.

Um empresário estratégico é aquele que enxerga o futuro, mas ele identifica as demandas e constrói planos de ação que vão minimizar os desafios. Além disso, ele investe no crescimento e na preparação do seu time para lidar com os desafios que virão. Um líder empresário sabe que o crescimento da sua empresa deve ser sustentado pelo crescimento do seu time, que por sua vez será sustentado pelo crescimento das pessoas.

Sabemos que um dos maiores fatores da perda de talentos pelas empresas é a falta de oportunidade de crescimento percebida pelos colaboradores, e nenhum colaborador consegue se manter apaixonado percebendo que a empresa permanece estagnada. Como ele pode acreditar que vai crescer se a própria empresa não está demonstrando crescimento?

Fazer a sua empresa crescer não é uma opção, e sim uma obrigação para que você tenha pessoas fidelizadas à sua visão. É por isso que compartilhar a visão de futuro é tão importante. No entanto, além de enxergar esse futuro com você, seus colaboradores precisam perceber que estão sendo preparados para atuar nele. Não há nada mais poderoso para engajar seus colaboradores do que dar a cada um deles a chance de ser sua melhor versão. A verdadeira motivação não é resultado de rituais energizantes, e sim fruto de qualificação, de capacitação. Nada motiva mais um colaborador do que ele acreditar que trabalha numa empresa que faz dele um profissional melhor a cada dia. Eu constantemente ouço a seguinte pergunta: "André, e se eu qualificar meu colaborador e ele for embora?". Prontamente respondo: o maior problema não é quando você qualifica seu colaborador e ele vai embora; o maior problema é quando você não o qualifica e ele fica!

Investir em qualificação não é uma questão apenas de bondade. É claro que temos uma responsabilidade especial com as pessoas e com o bem-estar dos nossos colaboradores. Mas investir no crescimento deles é questão de inteligência, pois na teoria nós deveríamos pagar os seus salários e eles entregarem aquilo pelo qual estão sendo pagos para fazer. Na prática, no entanto, eles vão entregar somente aquilo que sabem entregar. Eles vão alcançar os resultados que estão preparados e qualificados para tanto. Se eu quero que meu colaborador tenha melhor desempenho, preciso gerar nele essa capacidade.

Veja a seguir algumas ações práticas para ajudar você a desenvolver seus colaboradores e gerar mais crescimento para sua empresa.

1. Independentemente do tamanho da sua empresa, invista em um RH, pois, além de ajudar a encontrar os talentos, você terá alguém que se especializou no desenvolvimento de pessoas e que vai focar sua energia 100% para pensar, planejar e executar programas de desenvolvimento para seus colaboradores. Você talvez não tenha estudado para isso, e além disso não precisa nem deve fazer tudo sozinho.

2. Separe, antecipadamente, um orçamento para investir no desenvolvimento das pessoas. Muitos empresários acabam não investindo como deveriam, não por falta de dinheiro, e sim por falta de planejamento e prioridade. Você não tem dinheiro para investir nos colaboradores, ou não tem dinheiro porque não investiu nos colaboradores?

3. Mapeie e invista nas capacidades técnicas que seus colaboradores devem desenvolver, mas invista também em treinamentos comportamentais. Normalmente, contratamos pelas capacidades técnicas, mas demitimos pela falta de capacidades comportamentais. Invista em treinamentos como inteligência emocional, comunicação, ima-

gem pessoal, finanças pessoais, saúde e qualidade de vida, entre outros. Esses temas aumentam consideravelmente a performance dos colaboradores na sua empresa.

Quando você se responsabilizar genuinamente pelo crescimento das pessoas do seu time, elas vão se responsabilizar genuinamente pelo crescimento da sua empresa.

Quarta grande responsabilidade: duplicar sua liderança

Tem uma frase de John C. Maxwell que diz: "Todo problema é um problema de liderança". Essa é uma verdade poderosa. Todos os problemas que enfrentamos no dia a dia das nossas empresas se devem à falta de liderança, seja da nossa parte como empresários, seja pela falta da atuação efetiva dos nossos líderes. Sim, quero falar sobre a importância de duplicar nossa liderança, sobre atrair, formar e desenvolver líderes. Antes, porém, eu preciso ressaltar que seus liderados não vão fazer o que você fala: eles vão fazer o que você faz.

Se você quer ter um time de liderança, o primeiro passo é se transformar em um líder. Invista tempo, energia e dinheiro no seu processo de desenvolvimento como líder empresário. Quanto mais você evolui como um líder, mais a sua empresa cresce. Quanto mais a sua empresa cresce, mais ela vai exigir que você se desenvolva como líder. Trata-se de um círculo virtuoso de crescimento pessoal e empresarial. O crescimento que você deseja e o time de alta performance que você quer serão atraídos para a sua vida a partir do líder em quem você se transforma.

GUARDE ESTA FRASE

O exemplo não é uma das melhores formas de liderar; o exemplo é a única forma de liderar.

Manter-se em constante desenvolvimento como líder vai garantir a consciência e a capacidade necessárias para formar o seu Time 1. A maioria dos empresários é programada, infelizmente, para fazer as coisas acontecerem, e não para formar pessoas que assumam essa iniciativa. Um líder empresário deve gerar resultados por meio das pessoas. Independentemente do tamanho ou do momento da sua empresa, sua prioridade deve ser formar o seu Time 1, o time direto de liderança que vai fazer cada área funcionar e entregar os resultados necessários.

Eu acredito que o jogo empresarial muda totalmente quando temos o nosso Time 1, o time de líderes que acreditam na sua visão, pessoas em quem você pode confiar, um time de líderes que têm capacidade de entrega, pessoas que cuidam e conduzem a sua empresa como se fosse delas, verdadeiros parceiros que compraram o seu sonho e vão lutar ao seu lado todos os dias.

Eu sei que para alguns isso pode parecer algo distante e até surreal, mas, da mesma forma que enxergou a sua empresa antes de ela existir, você deve construir a visão do seu Time 1. Esse time de liderança principal é formado pelas pessoas que estarão mais próximas de você no dia a dia. No começo, podem ser seus supervisores, que serão seus parceiros no operacional. Depois, podem ser seus coordenadores ou gerentes atuando no tático. No futuro, serão seus diretores no estratégico.

COMPONHA O SEU TIME 1

A seguir, vou compartilhar algumas ações para ajudar você a formar seu Time 1:

1. Identifique as pessoas que compartilham os mesmos valores que você. Um time de liderança é formado inicialmente pela conexão dos valores. Para isso, você deve investir tempo conhecendo seus

liderados. Identifique também o perfil de liderança. Nem todas as pessoas têm talento ou vontade de ser líderes. Eu já errei e vi muitos empresários errando ao promover alguém para um cargo de liderança usando como base o desempenho em uma função mais operacional, por exemplo. Certa vez, promovi para coordenador de vendas o meu melhor vendedor. No fim das contas ele não correspondeu ao cargo e acabei perdendo meu melhor vendedor.

2. Um Time 1 é construído no um a um, ou seja, assim que você identificar um ou mais componentes do seu time de liderança principal, separe tempo de qualidade para desenvolver cada um deles no individual. Invista tempo em conversas de relacionamento com o objetivo de gerar mais proximidade e conexão, faça treinamentos para transferir seus conhecimentos e o seu jeito de fazer as coisas, promova alinhamentos de expectativa para manter a clareza e a transparência. Tenha uma agenda para conversas de feedback, marque dia e horário e traga pontos situacionais para discutir, propondo soluções para pontos fracos e identificando melhorias para os pontos fortes. Lembre-se de aproveitar todas as oportunidades para transferir sua visão de futuro para cada um deles.

3. Invista generosamente na capacitação em liderança para seu Time 1. A sua empresa vai crescer à medida que a capacidade de liderança do seu Time 1 crescer. Assim como você, eles serão desafiados a cada mudança de nível da sua empresa, por isso, é fundamental que eles estejam preparados. A cada ano, ao fazer o planejamento estratégico com o Time 1, eu procuro identificar as necessidades da empresa para o ano seguinte. Na sequência, mapeamos as demandas de liderança para cada um dos líderes, então separamos uma verba para investir no desenvolvimento desses líderes. Eu não faço isso apenas agora que minha empresa é grande. Na prática, a minha empresa só é grande porque desde sempre realizei esses investimentos.

4. Compartilhe decisões com o seu Time 1. Identifique quais são as decisões que você deve tomar junto com eles. Por exemplo, todas as metas do planejamento estratégico da empresa são definidas junto com o meu Time 1. Permita que eles participem das decisões que os envolvam diretamente, por exemplo, quando precisamos contratar um novo líder tático ou até mesmo um gerente que vai compor o Time 1. Nós organizamos uma etapa do processo seletivo, na qual eles me auxiliam a tomar a decisão a respeito daquela contratação. Isso gera diretamente um senso de responsabilidade quanto ao sucesso daquele novo líder a ingressar na empresa. Identifique, também, quais são as decisões que eles podem e devem tomar sem depender de você. Essa dose de autonomia gera muito mais compromisso e responsabilidade com os resultados de cada decisão. É importante ressaltar que nem sempre todas as decisões serão unânimes. Em alguns casos, a palavra final será sua, mas, quando você tem uma liderança madura, eles vão confiar e apoiar as suas escolhas, mesmo quando não a enxergarem totalmente naquele momento.

5. Faça o seu Time 1 ganhar dinheiro junto com você. É claro que você vai fazer as coisas conforme as suas possibilidades, mas nunca teremos um time forte se não nos comprometermos com o crescimento financeiro das pessoas. Isso serve para todos os níveis. Precisamos fazer o melhor para pagar um pouco acima da média para nossos colaboradores, mas o Time 1 deve receber algo especial, independentemente do tamanho ou do segmento de atuação. Devemos construir um modelo de negócios no qual o financeiro possibilite investir para atrair e bancar líderes diferenciados. Eu fazia isso quando faturava R$ 80 mil por mês, continuei fazendo até chegar a R$ 300 mil por mês, investi um pouco mais e encontrei os líderes que me levaram a R$ 1 milhão. Isso não parou mais até eu alcançar resultados multimilionários. Tudo bem começar devagar, mas comece.

Outra maneira de fidelizar financeiramente seu Time 1 é gerando oportunidades para que eles participem dos resultados da empresa. Eu comecei lá atrás criando experiências como jantares e viagens, depois fui estabelecendo metas de superação de faturamento, e quando essa superação era atingida eu separava um valor para dividir com todos eles. Com o tempo, evoluí para participações em resultados de acordo com as metas estratégicas da empresa.

Hoje eu trabalho estrategicamente para que meu Time 1 possa prosperar financeiramente cada vez mais, pois sei que, quanto mais eles crescerem financeiramente, mais eu crescerei junto com eles.

Agora você está preparado como nunca para ser um líder empresário. Tem nas mãos mais um princípio poderoso para gerar o crescimento que tanto deseja para seus negócios e construir uma vida próspera com liberdade empresarial.

PRINCÍPIO 3:
CULTURA LUCRATIVA

Quando a missão do negócio é poderosa, os missionários são atraídos para sua empresa.

Construir uma boa cultura empresarial é essencial para o sucesso de qualquer negócio, mas construir uma cultura lucrativa é o verdadeiro passaporte para uma vida de resultados com liberdade empresarial.

CULTURA EMPRESARIAL

Antes de mergulhar a fundo no princípio da cultura lucrativa, precisamos entender o conceito de cultura organizacional, que pode ser entendida como um conjunto de elementos aceitos e compartilhados pelas pessoas que formam a organização. Esses elementos ajudam a construir uma identidade, tornando a organização única.

Na prática, sua empresa é formada pelos elementos culturais. Esses elementos definem a identidade da sua empresa, e essa identidade define tudo, ou seja, a sua empresa é muito mais do que os produtos ou serviços que você vende, é muito mais do que a estrutura física que você tem, é bem mais do que a sua marca.

A SUA EMPRESA É A SUA CULTURA

A cultura da sua empresa define o tipo de pessoa que vai trabalhar com você, como esses colaboradores vão se comportar, o tipo de cliente que você vai atender. O tipo de cultura que você adota para a sua empresa define inclusive os seus resultados. É importante dizer que, independentemente do tamanho, do tempo de existência ou do ramo de atuação, todas as companhias têm uma cultura. Basta saber qual é o tipo de cultura que você tem cultivado na sua empresa.

CULTURA ACIDENTAL

O próprio nome já diz: às vezes, acidentalmente permitimos que uma cultura se instale na nossa empresa. Isso acontece porque cada colaborador que venha a fazer parte do time traz consigo a sua própria cultura familiar, a cultura da sua religião e um pouco das culturas das empresas onde atuou anteriormente. Em outras palavras, trata-se de uma verdadeira salada cultural. Mesmo que cada um deles se esforce para fazer um bom trabalho, é natural que haja um desalinhamento de crenças, visões e comportamentos, como se cada indivíduo trouxesse suas próprias regras para jogar no jogo da sua empresa. Na prática, com a entrada de cada novo colaborador, a organização vai perdendo sua essência e sua identidade original.

CULTURA INTENCIONAL

Já a cultura intencional se mostra quando o líder estratégico da organização, ou seja, o empresário, orquestra a construção e o fortalecimento de sua própria cultura. Cada elemento é intencionalmente definido com o propósito de projetar a organização para o alcance dos seus objetivos mais importantes. A cultura intencional traduz a essência do dono da empresa em um conjunto de diretrizes e ferramentas práticas, determinando os comportamentos adequados e conduzindo todos os envolvidos da empresa em uma única visão. Na prática, cada colaborador é selecionado de acordo com o alinhamento dessa cultura, cada pessoa é treinada e desenvolvida com base nessa cultura, toda a empresa é gerida de acordo com essa cultura, e os resultados acabam sendo intencionalmente extraordinários.

CULTURA LUCRATIVA

A cultura lucrativa é a verdadeira cultura de resultados. De certa forma, ela é uma evolução da cultura intencional, mas a grande característica aqui é que cada elemento cultural é definido de acordo com os resultados mais importantes para a empresa, o lucro. Cada pessoa envolvida na operação, cada plano estabelecido pela gestão, cada investimento realizado precisa estar de acordo com uma visão lucrativa de qualidade. Na prática, é uma cultura construída com foco no crescimento sustentável do negócio, uma cultura que prioriza a saúde e a segurança do negócio, gerando assim a longevidade de que a sua empresa precisa e a liberdade que você tanto deseja.

A maioria dos empresários brasileiros não dispõe de uma mentalidade lucrativa, ou seja, não tem como prioridade os resultados de lucro. Alguns têm como principal indicador de sucesso os resultados de vendas, mas a maioria não tem sequer uma meta de lucro bem definida.

MAIS IMPORTANTE QUE O VOLUME DE VENDAS É O VOLUME DE LUCRO

Ter uma empresa lucrativa é fundamental para a liberdade empresarial, mas o que de fato é o lucro? Lucro é a diferença entre todas as receitas e todas as despesas envolvidas na operação de uma empresa. Isso você já sabia. O que talvez ainda não saiba é que o lucro representa a métrica financeira para o sucesso do seu negócio. Na prática, uma empresa lucrativa é uma empresa de sucesso, só que infelizmente o contrário também é verdadeiro. O lucro é o indicador mais importante do seu negócio e o indicador de desempenho do dono da empresa.

> O lucro é muito mais do que o dinheiro que sobra; ele é fruto de uma cultura que se constrói.

Uma empresa lucrativa gera resultados, preza pela performance das suas áreas e, como consequência, é uma empresa mais segura, com foco na qualidade e uma sólida saúde financeira.

Vou mostrar uma trilha para que você consiga construir a sua cultura lucrativa. Essa trilha dará origem a uma ferramenta poderosa, conhecida como Código de Cultura. Na prática, esse é um documento que, depois de pronto, você poderá imprimir e usar em todas as ocasiões no cotidiano da sua empresa.

No final deste capítulo, vou entregar a você um presente especial. Adianto que você terá acesso ao meu código da cultura lucrativa, o exato modelo que uso nas minhas próprias empresas.

TRILHA DE IMPLEMENTAÇÃO DA CULTURA LUCRATIVA

A partir de agora, vou compartilhar os treze passos necessários para você implementar uma cultura lucrativa. Caso já tenha em sua empresa uma cultura intencional, você poderá fortalecê-la ainda mais ao seguir estas etapas. Em alguns deles, incluirei frases que fazem parte do Código de Cultura de minha própria empresa, para exemplificar e facilitar a compreensão. Vamos lá!

1. COMITÊ DE IMPLEMENTAÇÃO
   Crie um comitê para implementar sua cultura lucrativa. Identifique pessoas que tenham um bom alinhamento com a empresa, colaboradores que você acredita serem capazes de contribuir nessa missão tão importante. É recomendável que seu Time 1 faça parte desse comitê, pois são pessoas com alta capacidade de entrega. Ao envolver outros indivíduos nesse processo, você vai potencializar

ainda mais o engajamento de todos os seus colaboradores com a cultura.

2. PLANO DE IMPLEMENTAÇÃO
Crie um plano com cada um dos passos dessa trilha e estabeleça uma agenda de encontros e reuniões com seu comitê. Quando eu fiz esse processo pela primeira vez, nossa reunião era sempre às quartas-feiras às quatro da tarde. Crie a sua agenda com dias e horários que façam mais sentido para você, certificando-se de determinar logo de início um prazo para a redação final do código de cultura. Determine objetivos específicos de entrega para cada um dos encontros.

3. HISTÓRIA DA FUNDAÇÃO
Comece seu código de cultura escrevendo com seu comitê a história do fundador e a história da fundação da empresa, pois muitas vezes as pessoas trabalham no negócio acreditando que tudo aquilo caiu do céu, sem conhecer verdadeiramente toda a trajetória que conduziu o empreendimento até aquele ponto. Às vezes alguns concorrentes podem até copiar os seus produtos ou seus serviços, mas jamais conseguirão copiar a sua história. Além disso, as jornadas se tornam um grande elemento de engajamento para os colaboradores.

4. IDENTIDADE DA EMPRESA
Agora, comece a escrever o que é a sua empresa, qual o significado do nome escolhido, qual o seu posicionamento de mercado, o que ela realiza de fato, quais produtos ou serviços ela vende, quais são os principais benefícios e também os maiores diferenciais do seu negócio. Em muitos casos, os colaboradores mal conhecem a empresa onde estão trabalhando. Ter essa consciência traz o sentimento de segurança que dará a base para várias outras questões fundamentais.

Exemplo: "Somos um ecossistema de soluções empresariais em educação, tecnologia e gestão".

5. PROPÓSITO DA ORGANIZAÇÃO
   Escreva o propósito de existência da sua empresa. Para alguns isso pode parecer um pouco filosófico, mas já está mais do que provado que uma empresa com propósito consegue atrair mais clientes qualificados, engajar seus colaboradores e, em alguns casos, ter um valor superior de mercado. Ainda mais importante é saber que você tem uma empresa que causa impacto para o mundo. Qual é o propósito final da sua empresa?

Exemplo: "Nosso propósito é transformar o mundo por meio dos empresários".

6. VISÃO LUCRATIVA
   A visão é, na prática, uma grande meta. Você vai escrever exatamente como enxerga a sua empresa daqui a cinco anos. Nessa etapa, seu comitê pode ajudar a traduzir ou escrever, mas a visão de futuro é totalmente sua. Você já sabe que essa é a única parte impossível de delegar, portanto redija como você imagina o seu negócio lá na frente. Leve em conta o valor de faturamento, quanto será a lucratividade, quantos colaboradores terá, quais regiões atenderá, como será o seu ecossistema de negócios e assim por diante. A visão é uma das partes mais poderosas da cultura, pois ela determina todos os outros elementos que farão parte da empresa a partir de então.

Exemplo: "Nossa visão é ser em 2027 o maior e melhor ecossistema de formação de empresários e transformação de empresas do Brasil".

7. MISSÃO LUCRATIVA
Assim como a visão é o grande alvo do futuro, a missão é o que todos na empresa devem fazer diariamente para garantir o alcance da visão. A missão tem relação com a atividade diária da empresa. Além disso, está conectada diretamente com os resultados que serão gerados para os clientes. Quando a missão do negócio é poderosa, os missionários são atraídos para sua empresa.

Exemplo: "Nossa missão é formar empresários e transformar empresas, gerando crescimento sustentável com liberdade empresarial, por meio de soluções completas em educação, tecnologia e gestão".

8. VALORES
Os valores são as bases morais da sua empresa. Eles são como colunas que sustentam toda a edificação empresarial. Você toma as decisões com base em seus valores, e eles determinam seu comportamento e o de seus colaboradores. Vocês vão escolher de cinco a dez valores que mais representem a empresa. Lembre-se de escolher valores que deem base para os resultados de lucro do seu negócio.

Exemplo: "Nossos valores são fé, integridade, pertencimento, crescimento, alta performance, entregas extraordinárias e mentalidade lucrativa".

9. DECISÕES PODEROSAS
A qualidade da sua empresa é definida diretamente pela qualidade das decisões, e a melhor forma de ter uma empresa que proporcione liberdade é ter bem claras as bases para fazer boas escolhas. Agora, escreva quais são os principais critérios que serão utilizados na sua empresa para a tomada de decisões com a qualidade necessária para alcançar a visão.

Exemplo: "Nossas bases de decisões são nossos valores, nossa visão, nosso plano estratégico e nossa base de gestão".

10. BASES MOTIVACIONAIS
Você e seu comitê vão definir quais serão os principais fatores responsáveis pela energia emocional do time. É impossível construir uma empresa com uma cultura lucrativa sem a dose de energia apropriada. Para isso, determinamos essas bases motivacionais e as fortalecemos todos os dias. Vou deixar como exemplo as nossas cinco bases.

Exemplo: "A primeira é: gostamos demais de gente; a segunda é: somos apaixonados por desenvolver; a terceira é: temos alegria em reconhecer; a quarta base é: alinhamos as expectativas; e a quinta é: somos gratos".

11. RESULTADOS
Você precisa deixar claro que tem uma empresa de resultados e que todos vão trabalhar para gerar esses resultados. Essa etapa é a mais importante para validar sua cultura lucrativa, pois seus colaboradores precisam se orgulhar de trabalhar numa empresa profissional e

lucrativa. Aqui, é necessário deixar claro e registrado no Código de Cultura o que é resultado para a sua empresa.

Exemplo: "Resultado para nossa empresa é bater as metas de faturamento com lucratividade e segurança de caixa, construir e potencializar a empresa conforme o planejamento estratégico, gerando equity em um negócio profissional e relevante".

---

12. CÓDIGO DE CULTURA
    Agora você vai garantir que todas essas informações preciosas e poderosas vão se transformar num documento de cultura. Recomendo que você peça para alguém fazer uma arte com todas essas informações e que tenha relação com a identidade da sua empresa. É recomendável que você imprima um exemplar para cada parceiro e colaborador. Utilize esse Código de Cultura como base das contratações, na integração e nos treinamentos dos colaboradores, para fazer as campanhas de marketing, nos materiais de vendas. Aplique-o na hora de tomar as suas decisões e, definitivamente, para construir uma empresa lucrativa!

13. LANÇAMENTO DA CULTURA
    Essa é a etapa mais poderosa. É justamente o momento em que você formaliza essa cultura intencionalmente. Agora, você e seu comitê devem organizar o evento para o lançamento desse Código de Cultura. Nos últimos seis anos, ajudei literalmente mais de mil empresas nesse processo de cultura. Assisti desde eventos muito simples no refeitório da própria empresa até imersões em hotéis-fazenda com dinâmicas em meio à natureza. Organize e produza esse evento da melhor forma possível e de acordo com as suas possibilidades, mas não deixe de fazê-lo.

Em suma, é impossível construir uma empresa relevante sem uma cultura lucrativa. É impossível crescer com liberdade se a cultura da sua empresa não proporcionar esse resultado.

A fim de concluir este capítulo com chave de ouro, quero dar a você um presente muito especial. Eu gravei um curso "mão na massa" de como construir uma cultura lucrativa. Na prática, são sete aulas com sete ferramentas para você implementar todos os passos aí no seu empreendimento. Além disso, você vai poder baixar o exato Código de Cultura que uso nas minhas empresas.

Basta apontar a câmera do seu celular para o QR code abaixo e acessar gratuitamente a plataforma.

Também vou deixar aqui para você dois conteúdos extras. Primeiro, algumas dicas para você continuar fortalecendo sua cultura depois da implementação. Segundo, alguns exemplos de culturas de resultados. Não são apenas grandes empresas que possuem uma cultura forte, e sim empresas que se tornaram grandes justamente porque sempre tiveram uma cultura forte.

AÇÕES PARA FORTALECER A SUA CULTURA LUCRATIVA

- CONTRATE DE ACORDO COM A CULTURA
  Durante o processo de contratação, avalie os candidatos não apenas com base em suas habilidades técnicas, mas também em seu alinhamento com a cultura da empresa. Isso ajudará a garantir que novos colaboradores estejam comprometidos com os valores e objetivos da organização.

- LIDERANÇA EXEMPLAR
Os líderes têm um papel crucial na modelagem da cultura empresarial. Eles devem demonstrar, por meio de suas ações e atitudes, o comprometimento com os valores da empresa e inspirar os colaboradores a fazerem o mesmo.

- COMUNIQUE A CULTURA REGULARMENTE
A comunicação é fundamental para manter a cultura empresarial viva e em evolução. Use reuniões, boletins informativos, treinamentos e outros canais de comunicação para compartilhar exemplos de como os valores da empresa estão sendo aplicados e para celebrar conquistas relacionadas à cultura.

- CRIE UM AMBIENTE DE TRABALHO POSITIVO
Um ambiente de trabalho saudável e inclusivo é essencial para nutrir uma cultura empresarial forte. Incentive a colaboração, o respeito e a empatia entre os colaboradores e promova o equilíbrio entre vida profissional e pessoal.

- INVISTA NO DESENVOLVIMENTO PROFISSIONAL
Ofereça oportunidades para os colaboradores aprimorarem suas habilidades e seus conhecimentos por meio de treinamentos, workshops e cursos. Isso demonstra o comprometimento da empresa com o crescimento e o sucesso de seus colaboradores, além de fortalecer a cultura de aprendizado contínuo.

- RECONHEÇA E RECOMPENSE O COMPORTAMENTO ALINHADO À CULTURA
Destaque e celebre as ações e realizações dos colaboradores que exemplificam os valores e a cultura da empresa. Isso pode incluir programas de reconhecimento, premiações ou simplesmente expressar gratidão e apreço pelo esforço e comprometimento dos colaboradores.

- ESTABELEÇA CANAIS DE FEEDBACK
Encoraje os colaboradores a compartilharem suas opiniões e preocupações sobre a cultura empresarial e esteja aberto a ouvi-los. Isso permitirá identificar áreas de melhoria e ajustar a cultura conforme necessário.

- AVALIE E AJUSTE A CULTURA PERIODICAMENTE
A cultura empresarial é um aspecto dinâmico do negócio e deve ser monitorada e ajustada conforme a empresa cresce e evolui. Faça avaliações periódicas da cultura e esteja disposto a promover mudanças para mantê-la alinhada aos objetivos e valores da organização.

EXEMPLOS DE CULTURAS EMPRESARIAIS DE RESULTADOS

Google

A gigante da tecnologia é conhecida por sua cultura empresarial inovadora e descontraída, que valoriza a criatividade, a colaboração e o bem-estar dos colaboradores. Além de oferecer benefícios generosos e um ambiente de trabalho descontraído, o Google incentiva a experimentação e a troca de ideias, fatores que contribuem para a constante inovação e o sucesso da empresa.

Patagonia

A marca de roupas outdoor é amplamente reconhecida por sua forte cultura empresarial voltada para a sustentabilidade e a responsabilidade social. A Patagonia investe em práticas ambientalmente responsáveis e apoia diversas causas ambientais, o que a diferencia no mercado e atrai consumidores e colaboradores que compartilham desses valores.

Mailchimp

A plataforma de automação de marketing e e-mail é conhecida por sua cultura empresarial focada no equilíbrio entre vida profissional e pessoal, bem como na criatividade e no aprendizado contínuo. A empresa oferece benefícios como horários flexíveis e licença parental generosa, além de incentivar a inovação e o desenvolvimento profissional dos colaboradores.

Basecamp
Esta empresa de software de gerenciamento de projetos tem uma cultura empresarial voltada para a eficiência e a simplicidade. A Basecamp adota uma abordagem de trabalho remoto e busca minimizar a burocracia, permitindo que os colaboradores se concentrem no que realmente importa. A empresa também se destaca por sua transparência e comunicação aberta.

Nubank
Fintech brasileira que tem como foco a satisfação do cliente e a inovação. A cultura da empresa é baseada na transparência, na simplicidade e na agilidade. Além disso, o Nubank valoriza a diversidade e a inclusão, promovendo um ambiente de trabalho colaborativo e aberto a novas ideias.

Magazine Luiza
Uma das maiores redes de varejo do Brasil, o Magazine Luiza tem uma cultura empresarial focada na inovação, no desenvolvimento de talentos e na excelência no atendimento ao cliente. A empresa investe em programas de treinamento e desenvolvimento para seus colaboradores e promove um ambiente de trabalho inclusivo e acolhedor.

Stone Pagamentos
Esta empresa de tecnologia financeira tem uma cultura empresarial voltada para a meritocracia, a inovação e a satisfação do cliente. A Stone Pagamentos busca empoderar seus colaboradores, oferecendo-lhes autonomia para tomar decisões e responsa-

bilidade pelos resultados. A Stone também investe em programas de capacitação e desenvolvimento de lideranças.

Grupo Boticário

Engloba marcas como O Boticário, Quem disse, Berenice?, Eudora e The Beauty Box, sendo conhecido por sua cultura empresarial voltada para a sustentabilidade, a inovação e o desenvolvimento de talentos. O grupo valoriza a diversidade e a inclusão e investe em iniciativas que promovem o bem-estar e o crescimento profissional de seus colaboradores.

TOTVS

Uma das maiores empresas de software do Brasil, possui uma cultura empresarial focada na inovação e na excelência operacional. A TOTVS incentiva a colaboração e o compartilhamento de ideias entre os colaboradores e investe em programas de desenvolvimento profissional e treinamento.

Bora juntos conhecer mais um princípio para gerar crescimento nos negócios e uma vida de liberdade empresarial?
 PRA CIMA!

PRINCÍPIO 4: MENTORES

Um grupo de pessoas com
objetivos semelhantes
pode criar uma "mente coletiva"
mais forte e inteligente
do que cada um de seus
membros individualmente.

Tenho dois filhos dos quais me orgulho muito: a Laureen Vitória, de 9 anos, que já diz ser uma empresária de sucesso (rs), e o Paulo Vinícius, de 18 anos, que trabalha na nossa empresa principal durante o dia e à noite prepara o projeto da sua primeira empresa, um negócio de vendas digitais. Um dia desses eu estava em casa somente com o mais velho, e conversávamos sobre seus projetos empresariais. De repente, ele olhou para mim e fez aquela que talvez seja a pergunta mais importante que já ouvi na vida até então.

"Pai, qual é o melhor conselho que você pode me dar sobre a vida?"

Uau! Que pergunta, pensei... Respirei profundamente enquanto minha mente fazia um tipo de varredura em toda a minha história. Vasculhei todas as experiências pelas quais passei em milésimos de segundo, a fim de dar a ele a melhor resposta possível. Então, respondi com segurança:

"Filho, tenha mentores."

Quando olho para a história da minha vida, sobretudo para os últimos doze anos, identifico um dos principais e mais poderosos princípios para a liberdade empresarial: os mentores.

Sem os mentores adequados, a liberdade empresarial não passa de uma ilusão.

Essa busca pela liberdade é algo intrínseco em nós, e ela se manifesta em nosso desejo de empreender. Porém, é fundamental lembrar que liberdade não significa solidão. Devemos nos manter vigilantes para não cair na armadilha da solidão empresarial.

A solidão empresarial

Um estudo publicado no *Harvard Business Review* intitulado "The Lonely CEO: How to Prevent Executive Isolation" (em tradução livre, "O CEO solitário: Como prevenir o isolamento executivo"), conduzido por Hal Gregersen em 2018, mostra a importância de romper as barreiras dessa solidão. De acordo com o estudo, muitos empresários enfrentam o que o autor chama de "isolamento executivo", quando assumem total responsabilidade pelas decisões do negócio e não conseguem buscar colaboração ou o apoio de outros.

A vida de um empresário de verdade não é fácil. Eu não acredito em empresas perfeitas com superempresários. A jornada empresarial não é conquistada em cima de um palco ou nas lives da internet; ela é vencida no dia a dia, nos bastidores da vida real. Durante essa trajetória, muitas vezes somos incompreendidos. Mesmo algumas das pessoas mais próximas não conseguem acessar tudo que acontece dentro de nós.

Quando a fase é desafiadora, não é possível compartilhar tudo, pois seremos julgados pelo nível de risco que estamos dispostos a correr. Às vezes, demonstrar fraqueza pode piorar a situação. Costumo dizer que um empresário precisa sorrir para baixo, se defender dos lados e chorar para cima. Muitas vezes eu me senti sozinho no meio dos desafios. Já quando a fase é boa, você começa a crescer e os negócios caminham bem, então as pessoas vão falar da prosperidade que você conquistou. Muitos olham de fora e julgam os palcos em que você parece estar, sem ter ideia dos bastidores que você enfrentou ou enfrenta todos os dias.

As pessoas se afastam de você ou até mesmo inventam histórias a seu respeito, pois infelizmente a sua coragem de fazer algo diferente confronta a mediocridade que muitas delas se submeteram a viver. Sim, a jornada pode parecer solitária, mas não precisa ser desse modo. Você não precisa caminhar sozinho.

O melhor antídoto que conheço para a solidão empresarial é ter mentores, pessoas que entendem o que você está passando, pois já trilharam esse caminho. Pessoas que vão compreender suas aflições, pois conhecem a realidade dos seus bastidores. Pessoas que genuinamente torcerão por você, pois sabem o tamanho dos obstáculos. Pessoas que enxergam o que você enxerga e que são capazes de fortalecer a busca pelos seus objetivos. Esses são os mentores!

Sim, devemos ter mentores, mas infelizmente existem alguns fatores que acabam atrapalhando os empresários na busca por essa ajuda especial. O principal deles é a vaidade.

A VAIDADE EMPRESARIAL

Conforme mencionei no início deste livro, um dos momentos mais desafiadores da minha vida aconteceu quando me percebi um *empresidiário*. Eu trabalhava doze horas por dia me dividindo nas duas empresas. Vivia me sentindo cansado e sobrecarregado, mas apesar disso eu nutria certa vaidade, pois tinha orgulho do que havia construído e me achava competente fazendo tudo funcionar ao meu redor. O faturamento não estava ruim, e eu sustentava o status de empresário bem-sucedido. Olhando para trás, hoje vejo o quanto eu era arrogante, pois me achava autossuficiente e não dava o menor valor para o princípio da mentoria.

No entanto, quando minha esposa ficou doente, tudo começou a desmoronar. Eu não tinha mais as doze horas por dia para me dedicar às empresas, pois precisava cuidar dela e da minha família, abalada com toda aquela situação. Percebi que meus colaboradores não se mostravam tão comprometidos quanto eu acreditava. Eu não contava com processos de trabalho bem definidos. Quando precisava ficar fora cuidando da Patrícia, colaboradores me ligavam o tempo todo para resolver alguma pendência.

Em apenas três meses, perdemos 30% do nosso faturamento. Junto com ele, também a minha segurança como empresário. Rapidamente, minha vaidade deu lugar às preocupações excessivas e ao estresse. Minha competência empresarial parecia ser insuficiente para lidar com aqueles desafios, e aos poucos minha arrogância foi cedendo lugar a um poderoso sentimento, o medo de quebrar e perder tudo que tinha conquistado até então. Eu precisava de ajuda!

    Foi em meio a essa fase extremamente desafiadora que recebi o convite para participar de um grupo de empresários. Inicialmente, eu não entendi a proposta, pois aquele grupo se reuniria algumas vezes no ano e o mentor do grupo daria algum tipo de apoio. Não estava claro para mim como aquilo poderia me ajudar. Além disso, minha condição financeira não estava mais favorável para pagar as passagens e a hospedagem para os encontros. Algo dentro de mim, no entanto, dizia que uma coisa especial estava para acontecer. Foi então que formalmente tive pela primeira vez um mentor, Rodrigo Cardoso, uma pessoa que certamente foi enviada por Deus para fazer a diferença na minha vida. Nós já éramos próximos e eu já conhecia o trabalho dele, tendo inclusive participado de alguns de seus treinamentos. Mas o fato de eu pertencer formalmente àquele grupo me deu uma sensação especial de segurança. Só de saber que eu tinha um mentor com quem poderia contar já me fez ganhar confiança. Sem dúvida, essa fase marcou a virada na história da minha vida. Desde então, não parei mais!

    Quero aproveitar este momento para honrar aqui o meu mentor, Rodrigo Cardoso. Ele foi a força e a inspiração nos momentos difíceis. Suas palavras me deram esperança nos dias em que tudo estava contra. Seu conhecimento foi a base para a construção de alguns dos meus maiores sonhos empresariais. Participar daquele grupo chamado "Power Mind" foi como ganhar de presente uma família de empresários que levei comigo para a vida. Obrigado, Rodrigo Cardoso. Obrigado, "Power Minds".

Grandes empresários têm grandes mentores

Ao longo dos últimos anos, vi minha vida sendo transformada em cada uma das etapas. Tenho vivido tempos extraordinários em todos os aspectos, crescido e amadurecido como nunca. Os negócios estão prosperando de modo significativo, e eu desfruto de uma vida familiar maravilhosa. Claro, tenho os meus desafios, mas nunca me senti tão seguro e preparado para lidar com cada um deles. Ao olhar para tudo isso, consigo identificar um fator que esteve presente em cada virada estratégica da minha vida: meus mentores.

Observe grandes homens e mulheres e você perceberá a importância de seus mentores. Steve Jobs, cofundador da Apple, foi mentorado por Robert Noyce, coinventor do microchip e cofundador da Intel. Essa relação de mentoria teve um impacto significativo na vida e na carreira de Jobs, que, por sua vez, atuou como mentor de Mark Zuckerberg, fundador do Facebook.

Mas essa relação entre mentores e mentorados não se limita ao mundo empresarial. Martin Luther King, por exemplo, teve Gandhi como seu mentor. A cantora Madonna foi mentora de Britney Spears. Na Bíblia, por exemplo, podemos encontrar histórias incríveis de mentores transformando seus mentorados. Elias impactou poderosamente a vida do seu mentorado, Eliseu. Samuel foi o mentor do rei Davi, que por sua vez foi o mentor de Salomão, tido como o homem mais sábio da história. Jesus foi mentor de seus doze discípulos, que foram transformados e transformaram a história da humanidade com base na mensagem que aprenderam em apenas três anos de mentoria. Encontre os mentores que vão fazer diferença na sua vida!

ENCONTRANDO SEUS MENTORES

Mas, afinal, o que é um mentor? É aquele que dá suporte, encorajamento e visão para que a outra pessoa desenvolva seu próprio aprendizado. São pessoas que direta ou indiretamente transferem seus valores, princípios, sonhos, visão, potencial, ideais e sabedoria diante da necessidade do mentorado.

Os mentores são modelos nos quais as pessoas se espelham, uma referência de sucesso. Eles têm um poder de influência absoluta, a ponto de mudar o mindset do mentorado e de fazê-lo criar percepções diferentes sobre um mesmo fato, gerando novas atitudes e novos comportamentos, favorecendo assim resultados assertivos e duradouros.

Para mim, mentoria é o processo de transferência de mentalidade. Por isso, ter mentores é um dos princípios mais poderosos para a liberdade empresarial.

Busque mentores que tenham algo de importante para agregar à sua vida. E tome cuidado com pessoas bem-intencionadas, mas que não tenham as respostas de que você precisa. Busque aquelas com resultados e não apenas com bons discursos. Pessoas que tenham autoridade no assunto que você está buscando, lembrando que autoridade é algo que conquistamos quando superamos desafios importantes. Procure identificar pessoas que tenham valores alinhados aos seus, pois os mentores naturalmente vão transferir os valores deles para você.

Afaste os invejosos. Em alguns casos, em um primeiro momento eles vão querer ajudar, mas com o passar do tempo o sucesso do mentorado começará a incomodar o mentor. De alguma forma, consciente ou inconscientemente, o mentor invejoso pode tentar sabotar o mentorado. Procure pessoas de caráter, pessoas transparentes e que inspirem confiança. Pessoas com quem você possa compartilhar seus desafios com segurança e que se mostrem comprometidas com os seus resultados.

MENTORES INFORMAIS

Eu tive poucos mentores informais, alguns deles antes mesmo de eu saber o significado de mentoria. O mentor informal normalmente não se denomina um mentor. Na maioria das vezes, a mentoria nada tem a ver com sua atividade principal. Ele normalmente é uma pessoa disposta a ajudar, mas que também tem possibilidade e capacidade para isso. Em geral, ele não tem interesse financeiro nesse processo. Eu já tive um mentor informal que me ajudou com um desafio pontual, já tive outros que me apoiaram em uma fase específica, mas houve um deles que marcou a minha vida de forma bem especial. Em 2008, conheci um empresário que liderava uma organização chamada Eagles Vision. Ela tinha como propósito ajudar empresários por meio de estratégias bíblicas para os negócios. Naquela época eu estava me recuperando da quebra da minha segunda empresa e a única coisa que eu tinha era um monte de dificuldades e o sonho de empreender novamente. Marcos Pinelli era empresário da construção civil, aparentemente muito bem-sucedido, mas o que me chamou mais atenção eram os valores pessoais que ele demonstrava por meio de sua conduta e de sua visão extraordinária de negócios, que identifiquei ao assistir a algumas de suas palestras. Eu não sabia exatamente como, mas precisava me aproximar daquele homem, que não vendia mentorias. Se o fizesse, eu não teria o dinheiro para pagar, mas eu estava determinado a encontrar uma forma de ficar mais próximo dele.

Comecei a me aproximar mais nas reuniões que o Marcos liderava. Logo encontrei um jeito de ajudar a servir os pratos no jantar que eles ofereciam para os convidados. Depois de algum tempo, consegui marcar um café com ele e aos poucos passei a revelar a ele os meus valores, além dos meus desafios. Assim, fui criando oportunidades para absorver mais daquela sabedoria, e com o tempo tive abertura para compartilhar com ele minhas principais decisões. Eu honro aqui o meu mentor Marcos Pinelli, pois ele fez total diferença na história da minha vida em todos os aspectos. Ele nem mesmo se denominava um mentor.

Quem são e quem podem ser os seus mentores informais?

MENTORES FORMAIS

Posso falar com autoridade sobre mentores formais por dois grandes motivos: o primeiro é porque eu invisto em mentores e mentorias formais há vários anos. O segundo é porque já mentorei formalmente muitas centenas de empresários. Os mentores formais são aqueles quem têm a mentoria como uma atividade profissional. Ela pode representar parte ou até mesmo toda a sua atividade formal. São pessoas que devem ter uma trajetória de aprendizados e experiências de superação. É essencial que elas tenham resultados na área de atuação. Os mentores não são perfeitos, mas como você pode confiar parte da sua história nas mãos de alguém que não tenha autoridade no assunto? Como o seu mentor vai transferir mentalidade de resultados se ele mesmo não os alcançou?

A ÁRVORE É CONHECIDA PELOS SEUS FRUTOS

Um mentor formal tem um ou mais programas de mentorias. Isso significa que ele deve contar com uma metodologia de mentoria. Há pessoas que são incríveis, mas infelizmente não são capazes de transferir seus conhecimentos. Às vezes elas não têm a capacidade de ajudar a gerar resultados. Não contrate mentores por causa do desempenho deles nas redes sociais. Contrate mentores pela performance deles na vida!

Eu sempre invisto em mentorias e recomendo fortemente que você faça o mesmo. Investir em mentorias é antecipar o futuro. É literalmente aprender com os erros do seu mentor, mas também aprender com os acertos e resultados que ele obteve. É comprar um mapa assertivo do caminho que se deseja trilhar. É poder estar mais seguro sabendo que pode contar com alguém que tem a força para ajudar você, pois já se fortaleceu nas experiências do caminho.

Invista em mentorias, ou melhor, faça a sua empresa investir em mentorias para você. Mentorias para o empresário devem ser um investimento da empresa, pois por meio dessa ajuda valiosa o líder vai construir o futuro do negócio e aumentar os resultados. Há muitos anos eu reservo um percentual do orçamento da minha empresa para investir em mentorias para mim mesmo. De quanto mais mentorias eu participo, mais a minha empresa cresce.

Vou deixar aqui algumas perguntas importantes para ajudar no seu processo de decisão na hora de contratar programas de mentoria:

- Qual é o meu objetivo com essa mentoria?
- Qual é a reputação dessa empresa de mentoria?
- Quais são os valores pessoais do mentor?
- Quais resultados ele já conquistou antes de ser mentor?
- Quais resultados ele já gerou para seus mentorados?
- Quais resultados ele já gerou em casos como o meu?
- A metodologia dele faz sentido para mim?
- Quais resultados eu preciso alcançar para essa mentoria valer a pena?

MASTERMIND

Durante minha trajetória, pude ter bons resultados em mentorias em grupo. Isso acontece devido à troca entre os próprios participantes, mas há uma categoria de grupo muito especial. Na prática, não deveríamos considerar esse modelo uma mentoria, pois ele vai muito além disso. No meu caso, é o modelo que mais representou evolução estratégica.

O mastermind é o processo mais poderoso de expansão de mentalidade que já tive a oportunidade de conhecer. Criado por Napoleon Hill, o conceito mastermind consiste em formar uma mente mestra. Hill é considerado por muitos um dos maiores gurus do desenvolvimento humano de todos os tempos. Ele descreveu o mastermind como a forma como os homens mais bem-sucedidos do mundo construíram seus impérios. O conceito se baseia na ideia de que, juntas, as mentes de um grupo podem gerar ideias e soluções que não poderiam ser criadas individualmente. Em outras palavras, um grupo de pessoas com objetivos semelhantes pode criar uma "mente coletiva" mais forte e inteligente do que cada um de seus membros individualmente.

Na prática, participar de um grupo de mastermind é ter a oportunidade de acessar a mente dos demais participantes. Além disso, é possível contar com as experiências de vários outros empresários que supostamente alcançaram níveis de sucesso consideráveis, tanto em seus negócios como na vida.

Naturalmente, nasce no mastermind uma comunidade de apoio, em que cada integrante genuinamente está disposto a contribuir com os demais. A primeira vez que eu participei de um grupo de mastermind tive a ideia de somar os anos de experiência empresarial de cada um. Havia em torno de 35 pessoas no grupo. Incrivelmente, a soma em anos das experiências empresariais do grupo totalizava mais de quinhentos anos! Ninguém naquele grupo seria capaz de ser mais inteligente do que o conjunto todo!

Antigamente, o mastermind era um conceito fechado e relativamente inacessível. Hoje em dia, há várias opções de grupos de mastermind em que você pode investir para participar. Hoje eu lidero pessoalmente o meu próprio grupo de mastermind, e recomendo fortemente que você tenha como objetivo participar de um grupo desse tipo. O investimento em geral não é muito baixo, mas costuma valer a pena. Por outro lado, quanto maior for o valor, maior é a barreira de entrada, ou seja, o preço acaba sendo um filtro para qualificar os participantes. Eu tenho meu próprio mastermind, mas invisto e participo ativamente como membro de grupos de mastermind.

Quais resultados você pode esperar de um mastermind? Eu já tive, por exemplo, acesso a estratégias que me fizeram faturar milhões. Encontrei fornecedores-chave que fizeram total diferença nos meus negócios. Conheci meu atual advogado em um desses grupos. Já faturei muito por meio de clientes estratégicos provenientes do grupo ou de recomendações de seus membros. Já constituí algumas sociedades estratégicas com pessoas que conheci em masterminds. Uma delas, por exemplo, deu origem ao meu maior negócio atualmente, em outra dessas sociedades, e faturamos acima de R$ 10 milhões nos primeiros catorze meses de negócio.

Recentemente, comecei um dos empreendimentos mais promissores da minha vida, uma aceleradora de negócios com fundo de investimento. Tudo isso com um novo sócio que conheci no grupo atual de mastermind do qual participo. Nos últimos anos, já participei de três diferentes grupos de mastermind, e são incontáveis os benefícios e resultados, que vão além dos resultados empresariais. Algumas das pessoas mais incríveis que tive a oportunidade de acessar, tanto no Brasil como em outros países, eu conheci dentro de grupos de mastermind. Alguns dos meus melhores amigos são pessoas com quem me conectei em grupos empresariais de mastermind.

Jim Rohn, que foi mentor do grande treinador Anthony Robbins, tem uma famosa frase: "Você é a média das cinco pessoas com quem mais convive". Isso é confirmado pelo conceito de "Círculo de Influência" de Stephen Covey.

Eu acredito fortemente que o seu destino será definido por três fatores estratégicos: pelos ambientes que você frequenta, pelas pessoas com quem se conecta e pela atmosfera que você acessa.

Invista tempo e energia identificando mentores informais que possam apoiá-lo. Invista dinheiro em mentores e em processos formais que vão projetá-lo. Invista ainda mais em masterminds que o conduzirão a níveis estratégicos extraordinários.

VÁ PRA CIMA!

Concluo este capítulo com um agradecimento especial a todos os mentores que, formal ou informalmente, fizeram diferença em minha vida. Eu precisaria escrever vários livros para conseguir contar as histórias extraordinárias que vivi com cada um deles, e ainda assim seria incapaz de registrar em palavras o valor gerado através da vida de cada uma dessas pessoas.

Muito obrigado a cada um dos meus mentores.

PRINCÍPIO 5: PROPÓSITO EMPRESARIAL

Um empresário com propósito constrói a prosperidade por meio de uma empresa profissional e sólida.

Juntos até aqui nesta nossa trajetória, adquirimos um nível de consciência empresarial extremamente relevante. Você já possui uma visão empresarial estratégica e tem nas mãos ferramentas práticas para apoiá-lo no crescimento dos negócios. Além disso, já conhece os quatro primeiros princípios capazes de promover sua liberdade empresarial. Com todos esses recursos à disposição, é questão de tempo para desfrutar do nível mais extraordinário de prosperidade. Prepare-se!

Vamos agora conhecer o quinto e último princípio, aquele que vai levar você a um patamar empresarial superior. Esse princípio vai conectá-lo a todos os pontos da sua história e projetá-lo ao nível mais relevante e próspero da liberdade empresarial.

> "Os dois dias mais importantes da sua vida são: o dia em que você nasce e o dia em que descobre o motivo pelo qual nasceu."
> MARK TWAIN

UM EMPRESÁRIO COM PROPÓSITO

Um empresário com propósito constrói a prosperidade por meio de uma empresa profissional e sólida. Ele trabalha estrategicamente para construir seu patrimônio e garantir uma vida confortável e segura para sua família, mas, em algum nível, também está comprometido em fazer a diferença na sociedade.

Eu acredito que a transformação de que o mundo precisa virá por meio dos empresários com propósito. Homens e mulheres de negócios que estão dispostos a fazer a diferença ainda nesta geração. Pessoas imperfeitas, mas que buscam construir uma vida de excelência enquanto inspiram outros a fazerem o mesmo. Pessoas de caráter, referências em entrega e competência, homens e mulheres com valores sólidos e que se orgulham da sua prosperidade, comprometidos em gerar valor além de suas próprias ambições.

Você já parou para pensar que a primeira formalização da sua empresa é justamente a assinatura de um contrato social? Isso significa que, consciente ou inconscientemente, você se compromete a gerar valor e fazer a diferença na sociedade.

Um empresário com propósito sabe que sua empresa é muito mais do que um simples instrumento para transações comerciais. Ele sabe que seus negócios vão muito além dos resultados de faturamento e que a sua empresa é a sua missão! Um empresário com propósito reconhece a responsabilidade sobre o sucesso do seu negócio e se preocupa com o impacto que exerce na sociedade. Ele se assume como líder da organização e toma para si a responsabilidade pelo desenvolvimento dos seus colaboradores e pela qualidade de vida de suas famílias.

Um empresário com propósito passa longe de ser perfeito ou de ter superpoderes, mas atua no dia a dia dos seus negócios entregando o melhor dos seus talentos, superando suas limitações e se empenhando ao máximo em prol da construção de uma empresa que nasceu para crescer e melhorar a vida de seus clientes.

EMPRESÁRIOS COM PROPÓSITO FAZEM HISTÓRIA

Para ajudar você a fazer história por meio de um propósito empresarial, listo a seguir doze fatos importantes sobre propósito:

1. Todos nós temos um propósito.
2. Seu propósito é baseado em servir aos outros.
3. Seu propósito é baseado em ação.
4. Seu propósito não precisa ser enorme.
5. Seu propósito vai além do dinheiro.
6. Seu propósito depende apenas de você.

7. Talvez você já esteja vivendo seu propósito.
8. Seu propósito é algo espiritual.
9. Foi o seu propósito que escolheu você.
10. Você está disposto a morrer pelo seu propósito.
11. Seu propósito é o seu legado para o mundo.
12. Seu propósito é o passaporte para a imortalidade.

Eu acredito que uma pessoa morre duas vezes: a primeira quando suas funções vitais param de funcionar, a segunda quando seu nome é falado na Terra pela última vez.

UMA EMPRESA COM PROPÓSITO

Para muitos, ter um propósito empresarial pode soar como algo filosófico, às vezes até demasiado romântico. Ter um propósito na sua empresa, no entanto, é um fator extremamente relevante e prático para o sucesso da organização.

Uma empresa com propósito bem definido proporciona benefícios significativos:

- INSPIRAÇÃO E MOTIVAÇÃO
  Um propósito claro e significativo inspira os funcionários e os mantém motivados, o que leva a maior satisfação no trabalho, produtividade e retenção.

- DIREÇÃO ESTRATÉGICA
  O propósito empresarial fornece uma base sólida para a tomada de decisões e a definição de estratégias, garantindo que a empresa esteja alinhada e focada em seus objetivos a longo prazo.

- DIFERENCIAÇÃO E COMPETITIVIDADE
  Um propósito bem articulado ajuda a diferenciar a empresa no mercado e a atrair clientes que compartilham dos mesmos valores.

- RESPONSABILIDADE SOCIAL E SUSTENTABILIDADE
  As empresas com propósito bem definido tendem a ser mais conscientes do impacto social e ambiental de suas operações e a investir em práticas sustentáveis.

- ATRAÇÃO E RETENÇÃO DE TALENTOS
  Os funcionários são cada vez mais atraídos por empresas que têm propósito claro e compartilham seus valores, facilitando a atração e a retenção de talentos.

Em última análise, o propósito é aquilo em que acreditamos como objetivo-fim do nosso negócio. Não se trata meramente de uma frase de efeito, e sim de uma intenção real, um objetivo específico. O propósito se relaciona com o ambiente interno da empresa, consolidando valores e princípios em uma cultura organizacional. O propósito fortalece o clima e o gera em uma energia emocional diferente.

Fica cada vez mais evidente, portanto, que desenvolver uma empresa com propósito é decisivo para o crescimento estratégico e o sucesso nos negócios. Além disso, é um fator fundamental para a liberdade empresarial. Diversos estudos relacionam melhores performances nas companhias que têm um propósito claro. Uma pesquisa publicada pelo EY Beacon Institute[7] e pelo Harvard Business Review Analytic Services (2016) aponta que as empresas com um propósito claro e bem comunicado tendem a

---

7   WHY PURPOSE can be your foundation for reputation and growth. *Ernst & Young Global Ltd*, 2020. Disponível em: https://www.ey.com/en_gl/purpose/purpose-your-foundation-for-reputation-and-growth.

apresentar melhor desempenho em termos de inovação, retenção de talentos e crescimento. Outro estudo, realizado pela Deloitte[8] (2014), que faz parte do chamado "Big Four", grupo que reúne as quatro maiores companhias internacionais de contabilidade e consultoria – incluindo PricewaterhouseCoopers (PwC), Ernst & Young (EY) e KPMG –, revela que empresas com um propósito forte apresentam taxas de crescimento significativamente mais altas do que aquelas sem um propósito claro.

Ademais, pesquisadores acadêmicos como Collins e Porras (1994), em seu livro *Feitas para durar: Práticas bem-sucedidas de empresas visionárias*, e Simon Sinek (2009), em seu livro *Por quê? Como motivar pessoas e equipes a agir*, também destacam a importância do propósito e sua relação com o sucesso organizacional.

Quero reforçar que nunca antes na história o mundo precisou tanto de empresas com propósito! O Brasil, em especial, necessita de líderes empresariais que tenham coragem e façam a diferença neste momento. A transformação de que o Brasil precisa está nas mãos de empresários como você! Quer saber a razão?

Segundo o IBGE, o Brasil tem um índice alarmante de desemprego. A taxa de desocupação fechou em 8,8% no primeiro trimestre de 2023, segundo a Pesquisa Nacional por Amostra de Domicílios Contínua (PNAD Contínua). Isso representa um número de quase 10 milhões de desempregados, pessoas que não estão gerando renda para suas famílias. Por outro lado, o mesmo instituto aponta que existem cerca de 20,8 milhões de empresas ativas no Brasil. Cerca de 374 mil foram abertas no mês de março de 2023. Isso sem contar os MEIs (microempreendedores individuais). Ou seja, a solução para erradicar o desemprego do nosso país está em cada empresa contratar um colaborador a mais!

---

8   DELOITTE. *Culture of Purpose – Building Business Confidence; Driving Growth; 2014 Core Beliefs & Culture Survey*. Londres: Deloitte, 2014. Disponível em: https://www2.deloitte.com/content/dam/Deloitte/us/Documents/about-deloitte/us-leadership-2014-core-beliefs-culture-survey-040414.pdf.

Os impactos de uma empresa com propósito também vão muito além do econômico.

OS PILARES DO ESG

Existe um conceito global de responsabilidades empresariais com o qual precisamos nos comprometer. O ESG (Environmental, Social, and Governance) aborda três pilares fundamentais:

1. AMBIENTAL
   Este pilar refere-se às práticas e políticas de uma empresa relacionadas à preservação do meio ambiente e à sustentabilidade. Inclui questões como emissões de carbono, eficiência energética, conservação de recursos naturais e redução de resíduos. Empresas que seguem padrões de ESG buscam minimizar seu impacto ambiental e promover a sustentabilidade em suas operações.

2. SOCIAL
   O pilar social considera as práticas de uma empresa relacionadas ao bem-estar dos funcionários, fornecedores, clientes e comunidades em que atua. Envolve questões como direitos humanos, condições de trabalho, diversidade e inclusão e relacionamento com a comunidade. Empresas com compromisso esg tendem a ter uma abordagem mais ética e responsável em suas práticas sociais.

3. GOVERNANÇA
   O aspecto da governança envolve a estrutura e os processos de tomada de decisão de uma empresa. Isso inclui transparência, responsabilidade, ética empresarial e a qualidade do sistema de controle interno. Empresas com boas práticas de governança são mais propensas a tomar decisões informadas e responsáveis e a gerar confiança entre seus stakeholders.

O ESG está se tornando cada vez mais importante no cenário empresarial, pois investidores e consumidores estão priorizando empresas que adotam práticas responsáveis e sustentáveis. Adotar um enfoque ESG pode melhorar a imagem de uma empresa, atrair investimentos, aumentar a retenção de talentos e, em última análise, contribuir para um impacto positivo na sociedade e no meio ambiente.

Ter um propósito empresarial também pode trazer vantagens no aspecto de captação de investimentos. Existem diversos fundos de investimento que focam especificamente empresas comprometidas com práticas de ESG. Esses fundos são conhecidos como fundos de investimento sustentáveis, éticos ou responsáveis. Embora eu não possa fornecer informações atualizadas em tempo real, posso listar alguns exemplos de fundos ESG conhecidos, a fim de dar a você uma ideia sobre a importância do conceito no processo de captação de investidores:

- iShares MSCI Global Impact ETF (SDG): este fundo busca investir em empresas que estão alinhadas com os Objetivos de Desenvolvimento Sustentável da Organização das Nações Unidas (ONU) e que têm um impacto socioambiental positivo.

- Parnassus Endeavor Fund (PARWX): o fundo Parnassus Endeavor investe em empresas que demonstram forte desempenho em ESG e têm políticas de gestão ambiental, social e de governança superiores.

- Calvert Equity Fund (CSIEX): este fundo foca empresas dos Estados Unidos que atendem a critérios rigorosos de ESG, incluindo práticas ambientais, sociais e de governança responsáveis, bem como desempenho financeiro.

- BNP Paribas Easy MSCI Europe SRI UCITS ETF: este fundo de investimento busca replicar o índice MSCI Europe SRI, que inclui empresas europeias com práticas de ESG sólidas e sustentáveis.

- Nuveen ESG Large-Cap Growth ETF (NULG): este fundo investe em ações de grandes empresas com práticas ESG superiores e desempenho financeiro consistente.

Antes de tomar qualquer decisão de investimento, é importante realizar sua própria pesquisa e, se necessário, consultar um consultor financeiro. O desempenho passado dos fundos mencionados não garante resultados futuros, e é essencial entender os riscos e recompensas associados a qualquer investimento.

Agora, quero deixar para você alguns exemplos de companhias que alcançaram o sucesso por meio de seus propósitos:

- IMPERIUM GROUP
  Transformar o mundo por meio dos empresários.

- APPLE
  Mudar o mundo e a maneira como as pessoas se comunicam.

- ITAÚ
  Estimular o poder de transformação das pessoas.

- HAVAIANAS
  Levar para o mundo a alegria de viver do brasileiro.

- DISNEY
  Fazer as pessoas felizes.

- IFOOD
  Revolucionar o universo da alimentação por uma vida mais prática e prazerosa.

- GOOGLE
  Organizar as informações do mundo para que sejam universalmente acessíveis e úteis para todos.

- COCA-COLA
  Refrescar o mundo e inspirar momentos de otimismo e felicidade.

- NIKE
  Trazer inspiração e inovação para cada atleta do mundo. Se você tem um corpo, você é um atleta.

Ter um propósito empresarial não é um privilégio das grandes empresas. Na prática, as grandes empresas são grandes somente porque sempre trabalharam para promover os seus propósitos.

TODA GRANDE EMPRESA É A PEQUENA EMPRESA QUE FEZ A COISA CERTA

Quero ressaltar que você não precisa ter uma grande empresa para gerar um grande impacto. Na realidade, os pequenos e médios negócios são aqueles que mais fazem diferença em nosso país. Em um relatório de 2020, o Serviço Brasileiro de Apoio às Micro e Pequenas Empresas (SEBRAE)[9] mostrou que as pequenas e médias empresas representavam 99,5% das empresas em atividade no Brasil e eram responsáveis por 66,1% dos empregos formais. Esse dado demonstra a importância desses negócios para a economia brasileira.

Agora você já sabe que o propósito empresarial é uma poderosa ferramenta de resultados. Também sabe que o impacto e a

---

9 SEBRAE. *Portal Sebrae – Observatório MPE*, s/d. Disponível em: https://www.sebrae.com.br/sites/PortalSebrae/estudos_pesquisas/boletim-observatorio-mpedetalhe59,a7de8d63b1152710VgnVCM1000004c00210aRCRD.

transformação que a sua empresa vai gerar na sociedade serão a base de uma trajetória satisfatória e próspera.

Chegou a hora de oficializar o seu propósito!

O SEU PROPÓSITO EMPRESARIAL

Alguns estudos mostram uma relação direta do propósito com a qualidade de vida. Um exemplo notável são as "zonas azuis", regiões onde as pessoas vivem muito mais tempo e com maior qualidade de vida do que a média global. Nessas zonas, a busca por um propósito na vida é um dos elementos indispensáveis para o bem-estar e a longevidade. As cinco zonas azuis são: Sardenha (Itália), Nicoya (Costa Rica), Icária (Grécia), Loma Linda (Estados Unidos) e Okinawa (Japão).

Okinawa, uma dessas zonas, destaca-se por uma filosofia muito especial, o ikigai, que enfatiza a busca por um propósito na vida. O conceito de ikigai engloba a interseção entre paixão, missão, profissão e vocação, e pode ser aplicado não apenas à vida pessoal, mas também ao propósito empresarial. Ao considerar esses elementos no contexto de uma organização, é possível alinhar as metas e os valores da empresa com as aspirações e habilidades dos colaboradores, promovendo maior satisfação, produtividade e sucesso no ambiente de trabalho.

- PAIXÃO
  Empresários apaixonados pelo que fazem são mais motivados e comprometidos com o sucesso de seus negócios.

- MISSÃO
  O empresário gera valor ao mundo por meio de produtos, serviços e empregos, atendendo às necessidades da sociedade.

- PROFISSÃO
  Além de gerar valor, o empresário também busca lucratividade e prosperidade para sua empresa, garantindo a sustentabilidade do negócio.

- VOCAÇÃO
  Os empresários são capazes de transformar o mundo por meio de seus empreendimentos, contribuindo para o bem-estar da sociedade e a solução de problemas globais.

Ao aplicar o conceito de ikigai no contexto empresarial, o empresário pode encontrar um propósito mais profundo e alinhado com seus valores, gerando sucesso e satisfação pessoal e profissional.

O meu desejo é que você se transforme em um empresário estratégico e que mude não apenas a sua empresa, mas também a sua vida e a vida das pessoas ao seu redor.

Eu acredito que o propósito vai se desvendando durante nossa trajetória empresarial, mas considero fundamental ter uma declaração de propósito. Trata-se de uma frase simples, mas que dará clareza a esse destino empresarial.

Para escrever sua declaração de propósito empresarial, siga estas etapas:

1. REFLEXÃO
   Faça perguntas-chave para entender a essência de sua empresa. Por que ela foi criada? Qual problema ela resolve? Como ela melhora a vida das pessoas ou o mundo?

2. VALORES
   Identifique os valores centrais que sustentam a empresa e como eles se relacionam com o propósito. Os valores são os princípios que guiam as ações e decisões da empresa.

3. **CONEXÃO EMOCIONAL**
   Analise a conexão emocional entre a empresa e seus clientes, funcionários e outras partes interessadas. Como o propósito da empresa afeta essas pessoas?

4. **IMPACTO**
   Avalie o impacto social e ambiental da empresa e a maneira como ela se relaciona com o propósito. Como a empresa pode contribuir para um mundo melhor?

5. **COMUNICAÇÃO**
   Articule e comunique claramente o propósito para funcionários, clientes e outras partes interessadas, garantindo que ele seja facilmente compreendido e inspirador.

6. **IMPLEMENTAÇÃO**
   Integre o propósito em todas as áreas da empresa, desde a estratégia até a cultura organizacional, para garantir que ele esteja presente em todas as ações e decisões.

7. **AVALIAÇÃO E AJUSTE**
   Monitore regularmente o progresso em relação ao propósito e ajuste conforme necessário para garantir que a empresa continue focada em sua missão e seus objetivos.

A partir de agora você já tem em mãos tudo de que precisa para escrever sua declaração de propósito empresarial. Bora pra ação?

Escreva abaixo a sua declaração de propósito empresarial:

_____
_____
_____
_____

Parabéns! Agora você faz parte de uma classe de empresários que se levantaram a fim de fazer a diferença neste tempo. Você é um empresário com propósito!

Estou muito orgulhoso por você ter chegado até aqui. Tenho certeza de que a sua vida e a sua empresa serão transformadas por causa da sua dedicação e entrega no processo de leitura deste livro.

Recomendo que você volte e releia os pontos que mais o afetaram. Faça e refaça os exercícios, escolha áreas específicas para continuar estudando, compartilhe com as pessoas da sua equipe, pois essa trajetória extraordinária está apenas começando.

Gostaria de fechar este capítulo tão especial com um trecho da Bíblia que despertou o meu propósito empresarial:

"Não vos conformeis com este mundo, mas transformai-vos pela renovação da vossa mente, para que proveis qual é a boa, agradável e perfeita vontade de Deus."
ROMANOS 12:2

Vamos juntos transformar o mundo por meio dos empresários!
PRA CIMA!

SUA JORNADA TRANSFORMADORA COMEÇA AGORA

Eu convido você, empresário, a assumir um novo estilo de vida, o da liberdade empresarial.

Os pseudoempresários e os empresários iludidos foram abordados no primeiro capítulo, e é importante relembrar que são exemplos de empreendedores que não conseguem expandir seus negócios. O pseudoempresário é alguém que abriu ou comprou uma empresa e acaba sendo o principal responsável, senão o único, por todas as atividades do negócio. Ele tem uma empresa, mas está preso a uma mentalidade de funcionário. Já o empresário iludido, apesar de possuir algum conhecimento técnico em sua área de atuação, pode não ter o conhecimento empresarial necessário para fazer sua empresa prosperar. Esses empreendedores podem estar presos a uma mentalidade fixa e precisam adotar os princípios da liberdade empresarial para crescerem e se desenvolverem.

No segundo capítulo, conhecemos a síndrome do *empresidiário*, uma triste realidade que impacta a vida de muitos homens de negócios em nosso país. Muitos estão aprisionados em um sistema empresarial que eles mesmos construíram e se contentam com um nível de sucesso mediano. Assim, acabam perdendo a oportunidade de alcançar a liberdade empresarial que tanto merecem.

Mas essa não precisa ser a realidade. Este livro foi escrito para ajudar empresários a se libertarem da mentalidade fixa e alcançarem a liberdade empresarial. Eu sei que não é fácil mudar, pois já estive nessa posição. Como relatei, vi minhas empresas afundando em problemas até perceber que precisava mudar o meu mindset.

Se eu consegui, você também consegue! Você não precisa passar pelo que eu passei, pois agora já conhece o caminho ideal e tem nas mãos os cinco princípios para a liberdade empresarial: a mentalidade estratégica, a liderança empresarial, a cultura lucrativa, os mentores e o propósito empresarial. Esses princípios podem até parecer simples, mas os resultados da sua implementação são poderosos. Contudo, eles só terão sentido se forem postos em prática, no dia a dia, com determinação.

No primeiro princípio, falamos sobre a mentalidade estratégica. Para alcançar a liberdade empresarial, é preciso ter uma visão clara dos seus objetivos e ocupar a posição certa na sua empresa. A mentalidade estratégica envolve pensar a longo prazo, investir em si mesmo e no crescimento do seu negócio.

No segundo princípio, discutimos a liderança empresarial. A sua capacidade de liderança é um fator-chave para o sucesso do seu negócio. Isso inclui a habilidade de inspirar e motivar seus times, formar novos líderes e assumir a responsabilidade pelos resultados do negócio.

No terceiro princípio, abordamos a cultura lucrativa. Uma cultura intencional de resultados é a chave para o sucesso a longo prazo. Isso inclui ter uma visão de futuro clara, valores sólidos e bem definidos, e os elementos necessários registrados num código de cultura.

No quarto princípio, falamos sobre a importância de ter mentores. Um mentor transfere a mentalidade necessária para você mudar de nível. Ele o ajudará a evitar equívocos comuns e fornecerá apoio e orientação ao longo da sua jornada, para que você não caia na cilada da solidão empresarial.

Por fim, no quinto princípio, discutimos o propósito empresarial. Ter um propósito claro é fundamental para potencializar o sucesso do seu negócio, mas, além disso, significa assumir a responsabilidade de fazer a diferença na vida das pessoas ao seu redor. Representa o comprometimento para gerar a transformação de que o mundo precisa, por intermédio da sua empresa!

Agora, eu convido você, empresário, a assumir um novo estilo de vida, o da liberdade empresarial. Você, que está disposto a assumir a responsabilidade pelos resultados do seu negócio. A buscar oportunidades para aprender e melhorar, a delegar tarefas com sabedoria e a investir em si mesmo, no negócio, na qualidade de vida e no bem-estar da sua família.

Espero que os ensinamentos e princípios transmitidos neste livro possam ajudar você a alcançar a liberdade empresarial que tanto merece. Não há nada mais gratificante do que crescer nos negócios podendo desfrutar dessa liberdade.

Assumir a liberdade empresarial é, acima de tudo, um compromisso com você mesmo e com o seu sucesso. É um estilo de vida que exige foco, disciplina e trabalho. Ao mesmo tempo, é uma jornada incrível, repleta de aprendizados, conquistas e realização pessoal.

Para aquele que deseja dar um passo adiante, reforço aqui o convite para conhecer nossas imersões e nossos programas de desenvolvimento empresariais. Minha missão é gerar crescimento sustentável com liberdade empresarial. Meu desejo é ajudar empresários como você a alcançar essa liberdade. Sinto-me muito feliz em compartilhar meu conhecimento com todos aqueles que estão abertos a investir em uma nova mentalidade e estratégia. Venha assumir esse compromisso e trilhar essa jornada ao meu lado.

Acredite em si mesmo e em seu potencial. Aplique os princípios da liberdade empresarial em sua vida e em seus negócios. Coloque em prática o que aprendeu neste livro. Não se esqueça de que a liberdade empresarial é um processo contínuo, que exige dedicação e esforço constantes. Mas, se você mantiver em mente os princípios da mentalidade estratégica, cultivando uma cultura lucrativa, desenvolvendo sua liderança empresarial, participando de mentorias e focado no seu propósito empresarial, estará no caminho certo para alcançar todos os seus objetivos.

Se precisar de ajuda, saiba que estou aqui para auxiliá-lo. Meu time, minha metodologia e eu mesmo estamos à disposição para aprofundar seus conhecimentos em um dos nossos programas. Se desejar intensificar essa jornada e multiplicar ainda mais os seus resultados, já sabe onde me encontrar.

Muito obrigado por ter investido seu tempo lendo este livro e por acompanhar a minha história. Espero que você possa se inspirar em tudo o que foi compartilhado e que, igualmente, inspire e transforme outros empresários junto comigo nesta missão. A liberdade empresarial é o estilo de vida de um empresário com propósito.

Bora assumir esse compromisso?

Um forte abraço,
André Menezes

AGRADECIMENTOS

Quero expressar minha gratidão a todos que me apoiaram, me inspiraram e me desafiaram a ser a melhor versão de mim mesmo a cada dia. Presto uma homenagem a cada um dos meus mentores, amigos empresários e familiares que contribuíram para o meu crescimento.

Agradeço a todos os membros da minha equipe, em especial à minha liderança, pois, sem o apoio e a dedicação de vocês, nada disso seria possível.

Também sou grato aos leitores, cuja atenção e interesse permitem a disseminação do movimento poderoso presente nas estratégias apresentadas neste livro. Que possamos, juntos, construir um futuro melhor para nosso país e para as gerações que virão.

Reimpressão, junho 2023

Fontes TUNGSTEN, UNTITLED SERIF
Papel ALTA ALVURA 90 G/M²
Impressão IMPRENSA DA FÉ